黄昏時、街道を歩くと、ふと遠い昔に彷徨《さまよ》いこむことがある。
そこを通った数限りもない旅人達の記憶が蘇るのだろうか？
そんな旅人達への追憶を胸に、ワタシもまた一歩、あゆみ出す。

大正ロマンの薫る家「燈《あかり》」 p65

榎木大明神　p39

街道には、其処此処《そこここ》に祈りが満ち溢れている。
かつての旅人にとって「死」とは身近な事象だった。
何事もなく旅を終えることは、むしろ稀であった。
だから、彼らはひたすら祈りながら旅をしたのだ。

玉造稲荷神社　p58

街道は、生駒山に直交すると、殆ど直線状に上昇して行く。
そして急勾配が極限に達したとき、初めて大きくうねりだす。

野尻伸線所前　p120

暗峠　p125

生駒万葉歌碑横の石仏　p129

峠を越えると一気に視界が開けた。
生駒の街、矢田丘陵、そして若草山
街道がその風景を縫うように
一本の糸のように延びていた。

風のビューカフェ
友遊由 前　p131

街道を歩いていると、ふと優しい視線を感じた。
振り返ると路傍の石仏が　ワタシを・・・。

藤尾の石仏　p129

藤尾の石仏　p129

闇夜燈 p144

小瀬保健福祉ゾーン「歓喜の湯　足湯」 p136

不動明王像 p123

そっと目を瞑って崩れかけた土塀に耳を傾ける。
千年前の旅人の足音が聞こえてくるような気がした。
その足音を辿るようにワタシも一歩一歩足を運ぶ。

薬師寺 前　p151

京阪北浜駅
北浜駅
大阪証券取引所
阪神高速
川の駅 はちけんや p.39
京阪天満橋駅
天満橋駅
天神橋
高麗橋 p.37
三井住友
大阪大林ビル
北浜プラザ
八軒家船着場跡 p.39
里程元標跡
東横堀川
中大江小
中大江公園
大阪東局
マイドームおおさか
中央消防署
シティプラザ大阪
大阪産業創造館
東警察署
生國魂神社
東中
堺筋本町駅
農人橋
谷町四丁目駅
地下鉄堺筋線
中央区役所
東商高
南大江小
地下鉄谷町線
榎木大明神 p.39
谷町六丁目駅
松屋町駅
長堀橋駅
南高
南中
空堀通商店街 p.40
見どころの時代別分類
古代関連のスポット ~12 世紀
中近世関連のスポット 13~19 世紀中頃
近現代関連のスポット 19 世紀中頃~
※表記の頁は関連する本文の場所
AED 自動体外式除細動器《じどうたいがいしきじょさいどうき》が設置されている場所
（AED とは心停止状態の人に対して誰でも使用することができる心臓救命装置。）
歩行者が無料でアクセスできるトイレ（この他にトイレを借りられるコンビニもある）
縮尺 100m

大阪ビジネスパーク駅
日本経済新聞
大阪本社
旧大阪砲兵工廠廃墟群
p.42
追手門学院小
追手門学院
大手前高
京橋口
極楽橋
青屋門
大阪城ホール
大阪城野球場
砲兵工廠碑
大阪城公園駅
大手前
天守閣
p.43
第四師団司令本部跡
p.44
大手前高
大阪府庁
玉造口
大手門
豊国神社
大阪府警察本部
教育塔
p.45
NHK
大阪歴史博物館
p.46
法円坂建物群
p.46
大阪城公園
目駅
地下鉄中央線
府立青少年会館前
難波宮跡
p.47
大阪医療センター
森ノ宮駅
越中井
p.52
玉造稲荷神社
p.58
伊勢迄歩講起
大阪玉造
カトリック教会
p.52
玉造小
城星学園高
玉造2
市立聴覚特別支援学校
東雲稲荷神社
p.51
大阪女学院中
大阪女学院短大
大阪女学院大
上本町1
地下鉄鶴見緑地線
長堀通
空堀町
大阪玉造局
清水谷高
玉造駅
玉造駅
清水谷公園

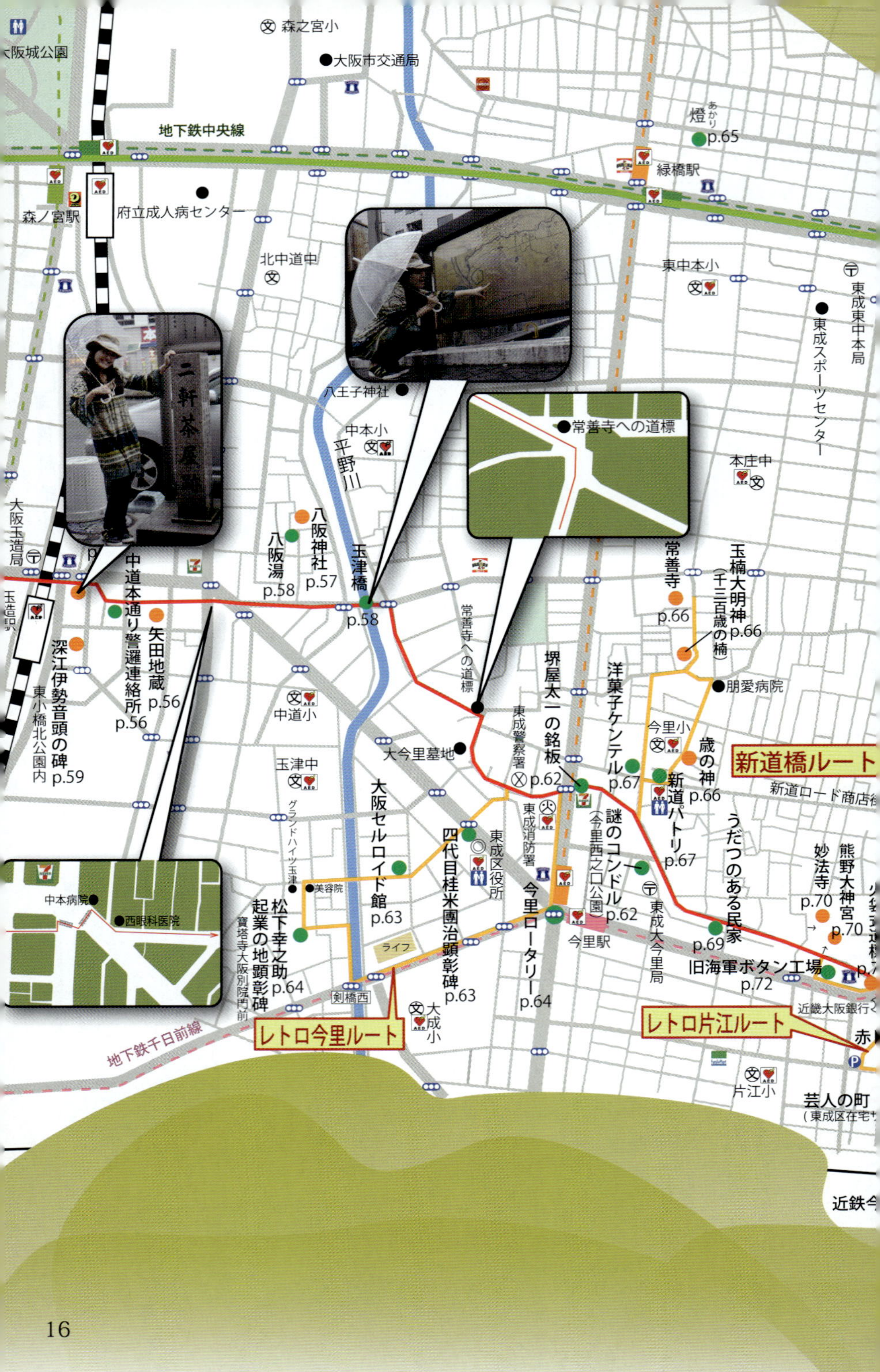

森之宮小
大阪市交通局
阪城公園
地下鉄中央線
森ノ宮駅
府立成人病センター
燈《あかり》
p.65
緑橋駅
北中道中
東中本小
東成東中本局
東成スポーツセンター
八王子神社
中本小
平野川
常善寺への道標
本庄中
大阪玉造局
玉造駅
八阪神社
p.57
八阪湯
p.58
玉津橋
p.58
常善寺
p.66
玉楠大明神
(千三百歳の楠)
p.66
中道本通り警邏連絡所
p.56
矢田地蔵
p.56
深江伊勢音頭の碑
p.59
東小橋北公園内
常善寺への道標
朋愛病院
中道小
東成警察署
p.62
堺屋太一の銘板
洋菓子ケンテル
p.67
今里小
歳の神
p.66
新道橋ルート
新道パトリ
p.67
新道ロード商店街
大今里墓地
玉津中
大阪セルロイド館
p.63
グランドハイツ玉津
美容院
松下幸之助起業の地顕彰碑
p.64
寶塔寺大阪別院門前
四代目桂米團治顕彰碑
p.63
東成区役所
東成消防署
今里ロータリー
p.64
謎のコンドル
(今里西之口公園)
p.62
東成大今里局
今里駅
うだつのある民家
p.69
妙法寺
p.70
熊野大神宮
p.70
旧海軍ボタン工場
p.72
近畿大阪銀行
レトロ片江ルート
赤
片江小
芸人の町
(東成区在宅
ライフ
剣橋西
大成小
レトロ今里ルート
地下鉄千日前線
中本病院
西眼科医院
近鉄今

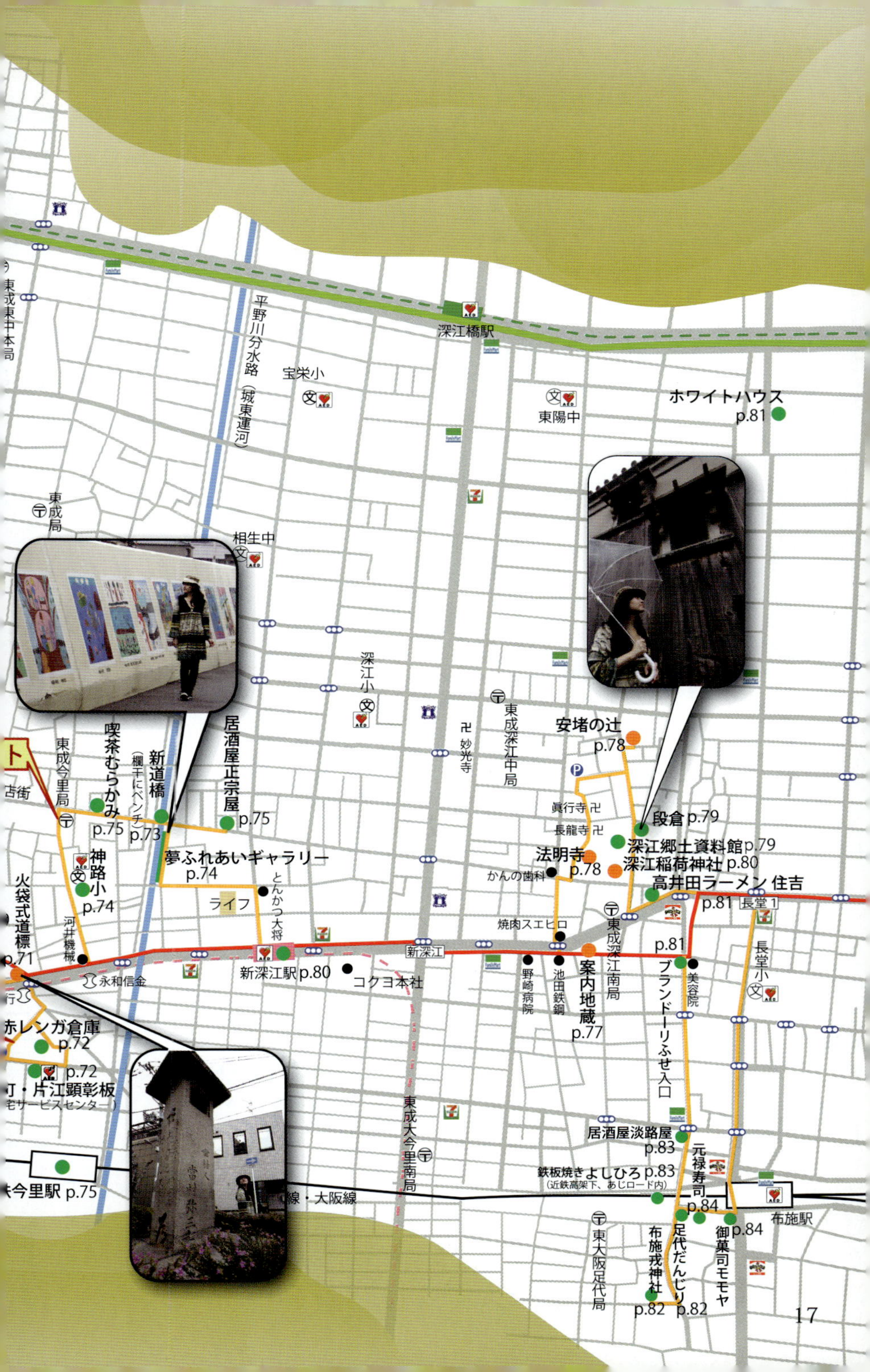
深江橋駅
平野川分水路（城東運河）
宝栄小
東陽中
ホワイトハウス p.81
東成東中本局
東成局
相生中
深江小
東成深江中局
妙光寺
安堵の辻 p.78
眞行寺
長龍寺
段倉 p.79
深江郷土資料館 p.79
深江稲荷神社 p.80
法明寺 p.78
かんの歯科
高井田ラーメン 住吉 p.81
長堂1
東成今里局
喫茶むらかみ p.75
新道橋（欄干にベンチ）p.73
居酒屋正宗屋 p.75
夢ふれあいギャラリー p.74
神路小 p.74
とんかつ大将
ライフ
火袋式道標 p.71
河井機械
永和信金
新深江駅 p.80
コクヨ本社
新深江
焼肉スエヒロ
東成深江南局
野崎病院
池田鉄鋼
案内地蔵 p.77
p.81
ブランドーリふせ入口
美容院
長堂小
赤レンガ倉庫 p.72
p.72
・片江顕彰板
東成大今里南局
居酒屋淡路屋 p.83
元禄寿司 p.84
鉄板焼きよしひろ p.83
（近鉄高架下、あじロード内）
今里駅 p.75
線・大阪線
布施駅
東大阪足代局
布施戎神社 p.82
足代だんじり p.82
御菓司モモヤ p.84

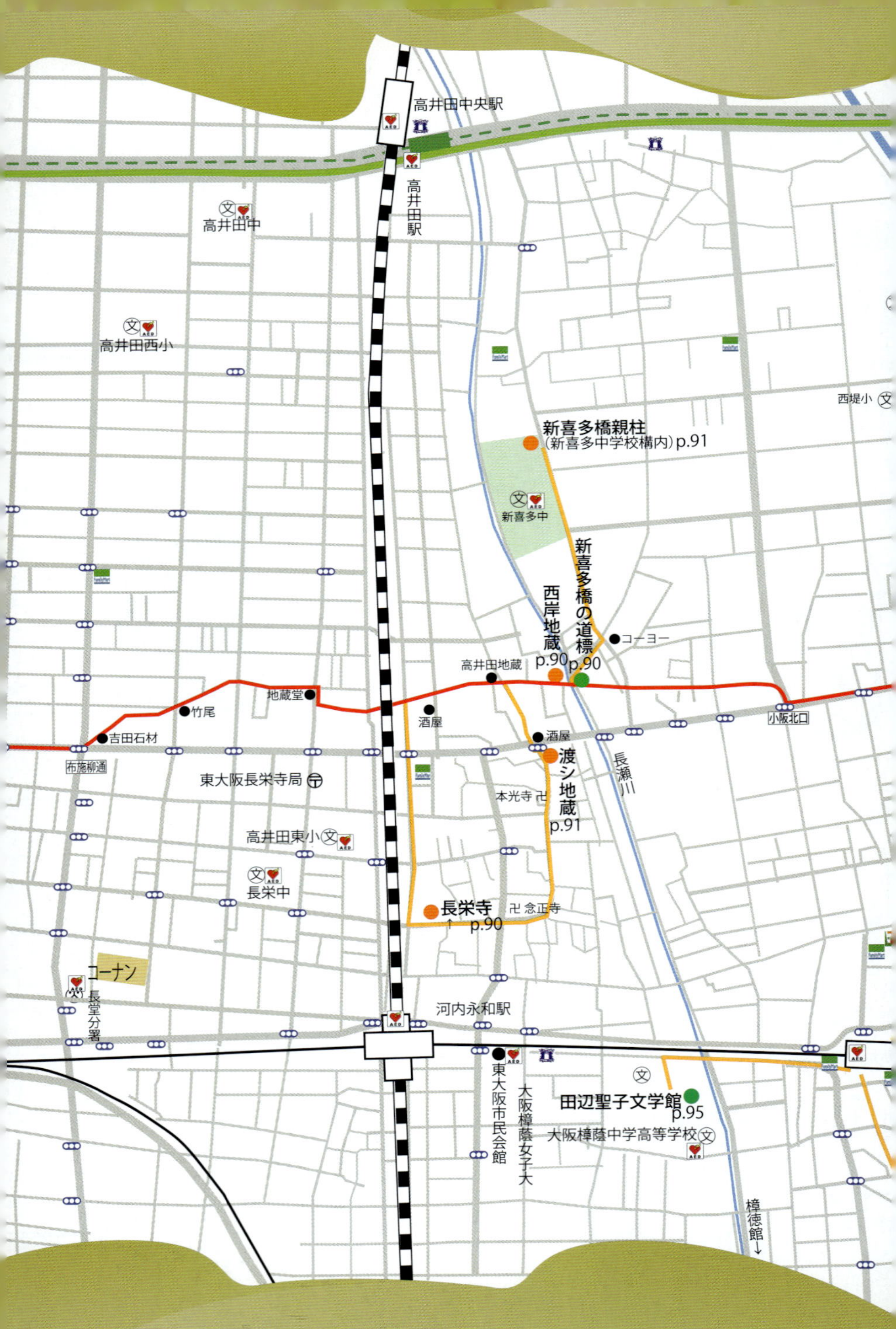
高井田中央駅
高井田駅
高井田中
高井田西小
西堤小
新喜多橋親柱
(新喜多中学校構内) p.91
新喜多中
新喜多橋の道標
p.90
西岸地蔵
p.90
コーヨー
高井田地蔵
地蔵堂
竹尾
吉田石材
酒屋
酒屋
小阪北口
布施柳通
渡シ地蔵
p.91
長瀬川
東大阪長栄寺局
本光寺
高井田東小
長栄中
長栄寺
p.90
念正寺
コーナン
長堂分署
河内永和駅
東大阪市民会館
大阪樟蔭女子大
田辺聖子文学館
p.95
大阪樟蔭中学高等学校
樟徳館↓

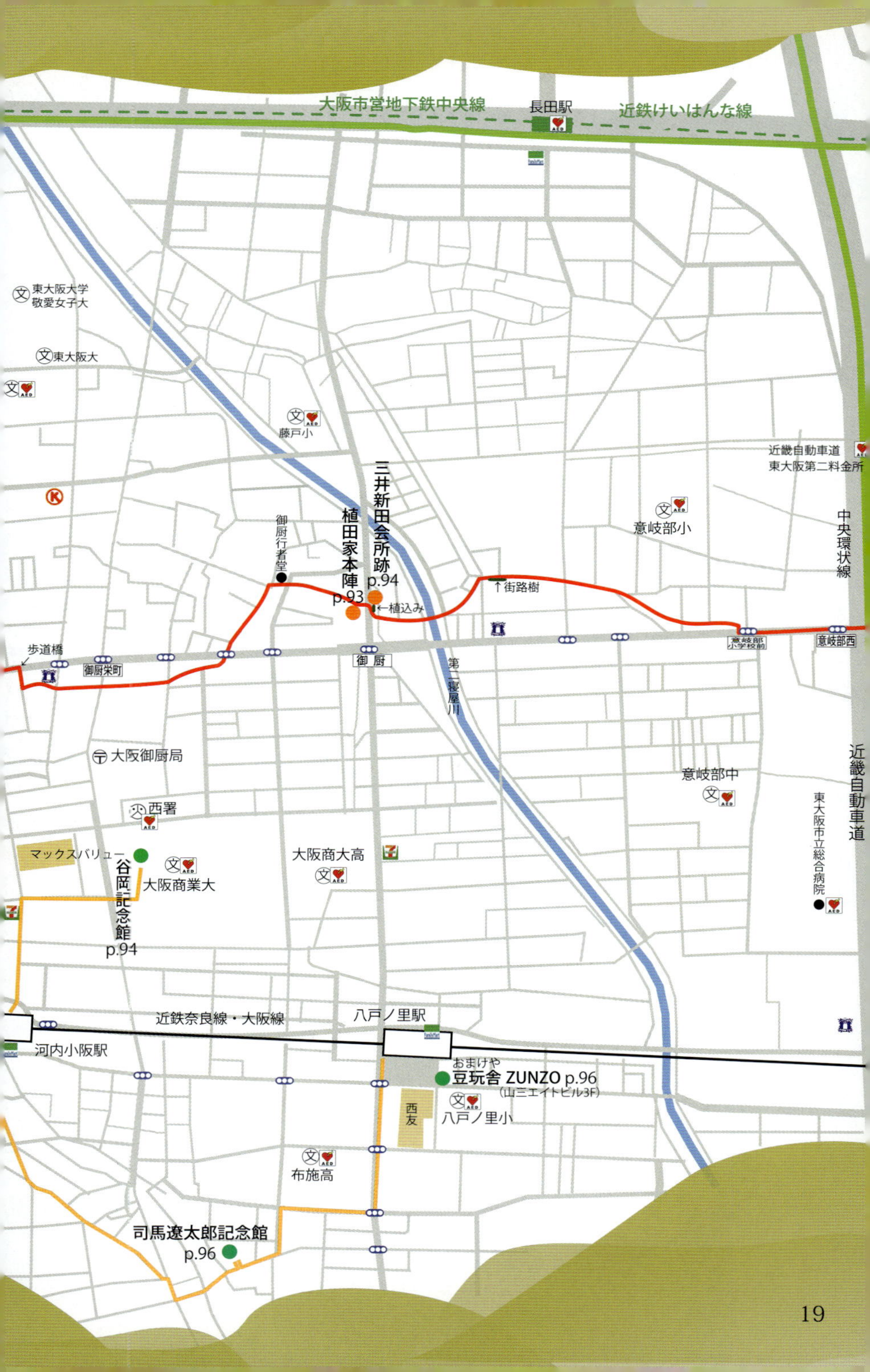
大阪市営地下鉄中央線
長田駅
近鉄けいはんな線
東大阪大学
敬愛女子大
東大阪大
藤戸小
近畿自動車道
東大阪第二料金所
意岐部小
中央環状線
三井新田会所跡
p.94
植田家本陣
p.93
御厨行者堂
←植込み
↑街路樹
歩道橋
御厨栄町
御厨
第二寝屋川
意岐部小学校前
意岐部西
大阪御厨局
西署
意岐部中
近畿自動車道
東大阪市立総合病院
マックスバリュー
谷岡記念館
p.94
大阪商業大
大阪商大高
近鉄奈良線・大阪線
八戸ノ里駅
河内小阪駅
おまけや
豆玩舎 ZUNZO p.96
(山三エイトビル3F)
西友
八戸ノ里小
布施高
司馬遼太郎記念館
p.96

府立中央図書館
p.105
イオン
東大阪市役所
荒本駅
コーナン
天理教教会
菱江公民館
水田
空地
オートバックス
菱江
ロイヤルホスト
近畿自動車道
東大阪第二料金所
意岐部東小
布施北高
シダックス
菱江おかげ灯篭
p.102
相楽寺
天理教教会
菱江公民館
菱江東
東大阪菱屋東局
菱江
ロイヤルホスト
岐部
学校前
意岐部西
中央環状線
昭和シェル
八劔神社
p.103
東大阪市消防局
p.106
近畿自動車道
東大阪市立総合病院
岩田西小
教岸寺
舟板塀のある建物
p.101
若江岩田駅

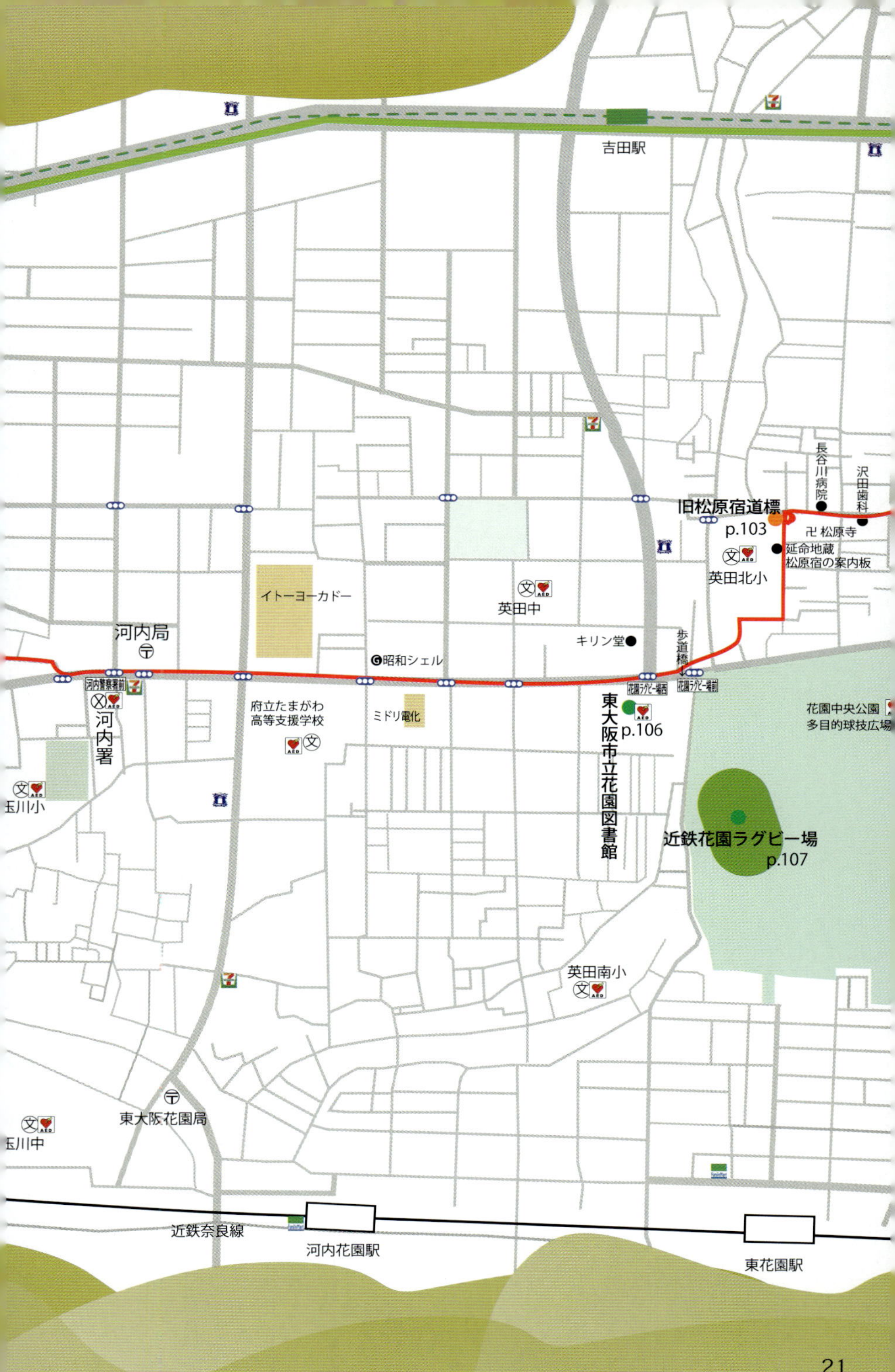
吉田駅
長谷川病院
沢田歯科
旧松原宿道標
p.103
卍 松原寺
延命地蔵
松原宿の案内板
英田北小
イトーヨーカドー
英田中
河内局
キリン堂
歩道橋
昭和シェル
河内警察署前
花園ラグビー場西
花園ラグビー場前
河内署
府立たまがわ
高等支援学校
ミドリ電化
東大阪市立花園図書館
p.106
花園中央公園
多目的球技広場
玉川小
近鉄花園ラグビー場
p.107
英田南小
東大阪花園局
玉川中
近鉄奈良線
河内花園駅
東花園駅

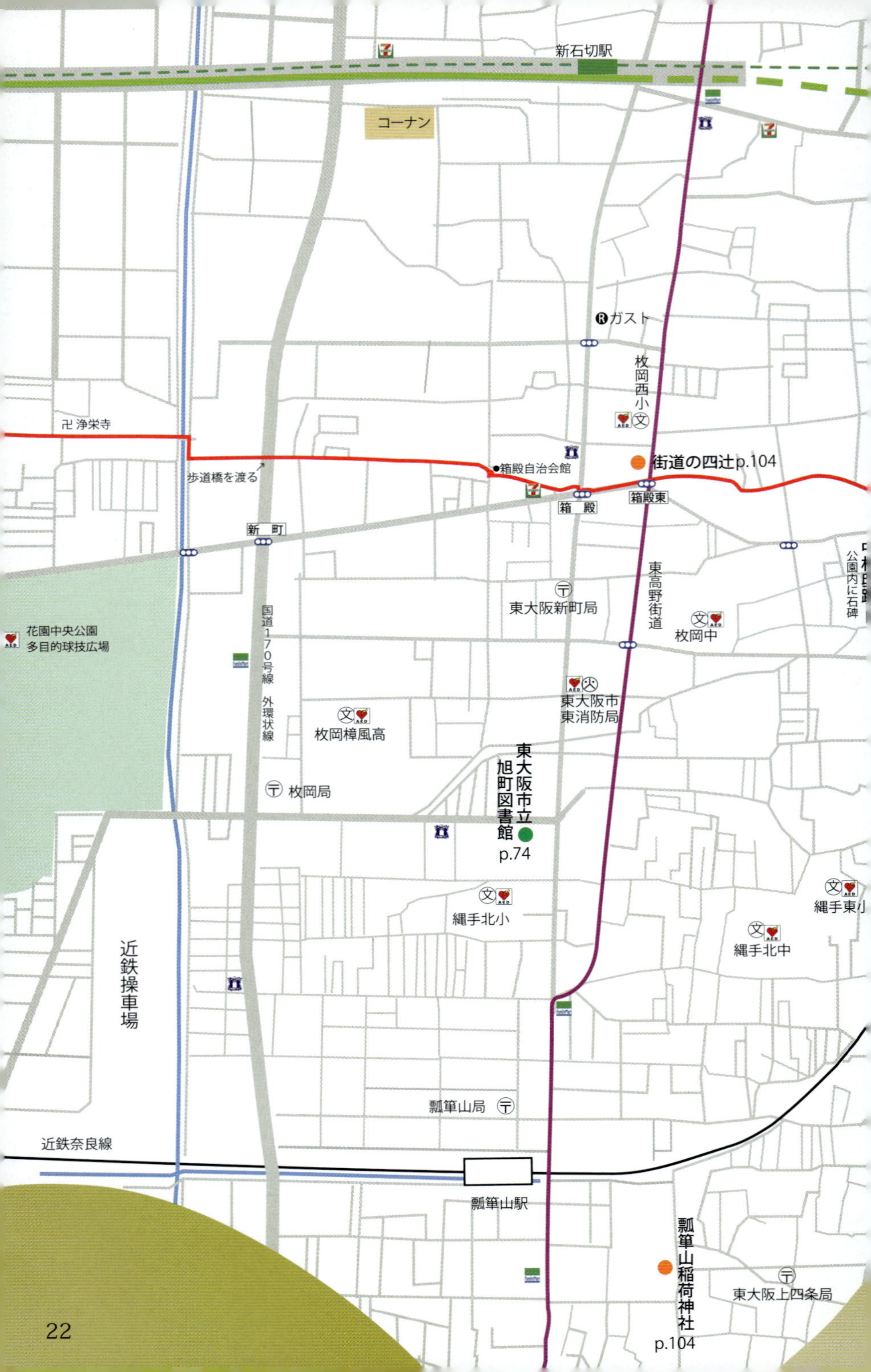

新石切駅
コーナン
ガスト
枚岡西小
卍 浄栄寺
箱殿自治会館
歩道橋を渡る
街道の四辻p.104
箱殿
箱殿東
新町
公園内に石碑
東高野街道
東大阪新町局
枚岡中
花園中央公園
多目的球技広場
国道170号線 外環状線
東大阪市東消防局
枚岡樟風高
東大阪市立旭町図書館
p.74
枚岡局
縄手北小
縄手東小
縄手北中
近鉄操車場
瓢箪山局
近鉄奈良線
瓢箪山駅
瓢箪山稲荷神社
p.104
東大阪上四条局

額田駅
光林寺卍
開雲寺卍
正覚寺卍
枚岡東小
枚岡公園
p.121
勧成院
p.120
東大阪豊浦局
宝幢寺卍
中村邸跡
公園内に石碑
p.104
光乗寺卍
野尻伸線所
p.120
豊浦谷一号墳
p.121
芭蕉句碑
p.121
卍法照寺
姥ヶ池
p.112
近鉄奈良線
枚岡駅
枚岡神社
p.111
不動明王石像
p.123
観音寺
p.122
謎の石碑群
p.123
東小

正覚寺卍
天龍院卍
長尾滝
p.115
不動明王石象
p.123
慈光寺
p.124
大阪府
奈良県
弘法の水
暗峠
p.125
友遊由
p.131
峠の茶屋 すえひろ
p.131
西畑加圧配水所

生駒ケーブル線
生駒山上駅
▲生駒山山頂
642m
旧鶴林寺跡
薬師の滝
第二阪奈道路
鶴林寺
p.126
ミニ石仏
p.129
手打ちうどん
風舞
p.132
石仏
四体の石仏
p.129
西畑の棚田
p.128
万葉歌碑
p.129
藤尾の石仏
p.129
生駒市中央
公民館南別館
（街道沿に設置）

往馬大社
p.139
一分駅
近鉄生駒線
竹林寺（行基墓）
p.138
三たて蕎麦
知春
p.132
石佛寺
p.130
生駒南中
南コミュニティセンター
せせらぎ
生駒南小
南生駒駅
南生
竜田川
p.135
体育館
むかいやま公園
ホームセンターダイキ
イオン
南生駒駅
南生駒局
小瀬町西

小瀬料金所
第二阪奈道路
大瀬中
南生駒局
歓喜乃湯
p.136

霊山寺
p.144
近畿大学農学部
文
追分神社 p.142
追分梅林
p.143
矢田丘陵
追分本陣
p.143
警察犬訓練所
榁木峠
榁ノ木大師
p.141
矢田山遊びの森
p.141

砂茶屋の地蔵 p.145
富雄川 p.144
砂茶屋の黒松 p.145
赤膚焼大塩昭山窯 p.1
闇夜燈
中町ランプ

阪奈道路
宝来ランプ
飛鳥カンツリー倶楽部
伏見南小
第二阪奈道路
赤膚焼大塩正人窯
赤膚焼大塩昭山窯
p.148
砂茶屋の黒松
p.145

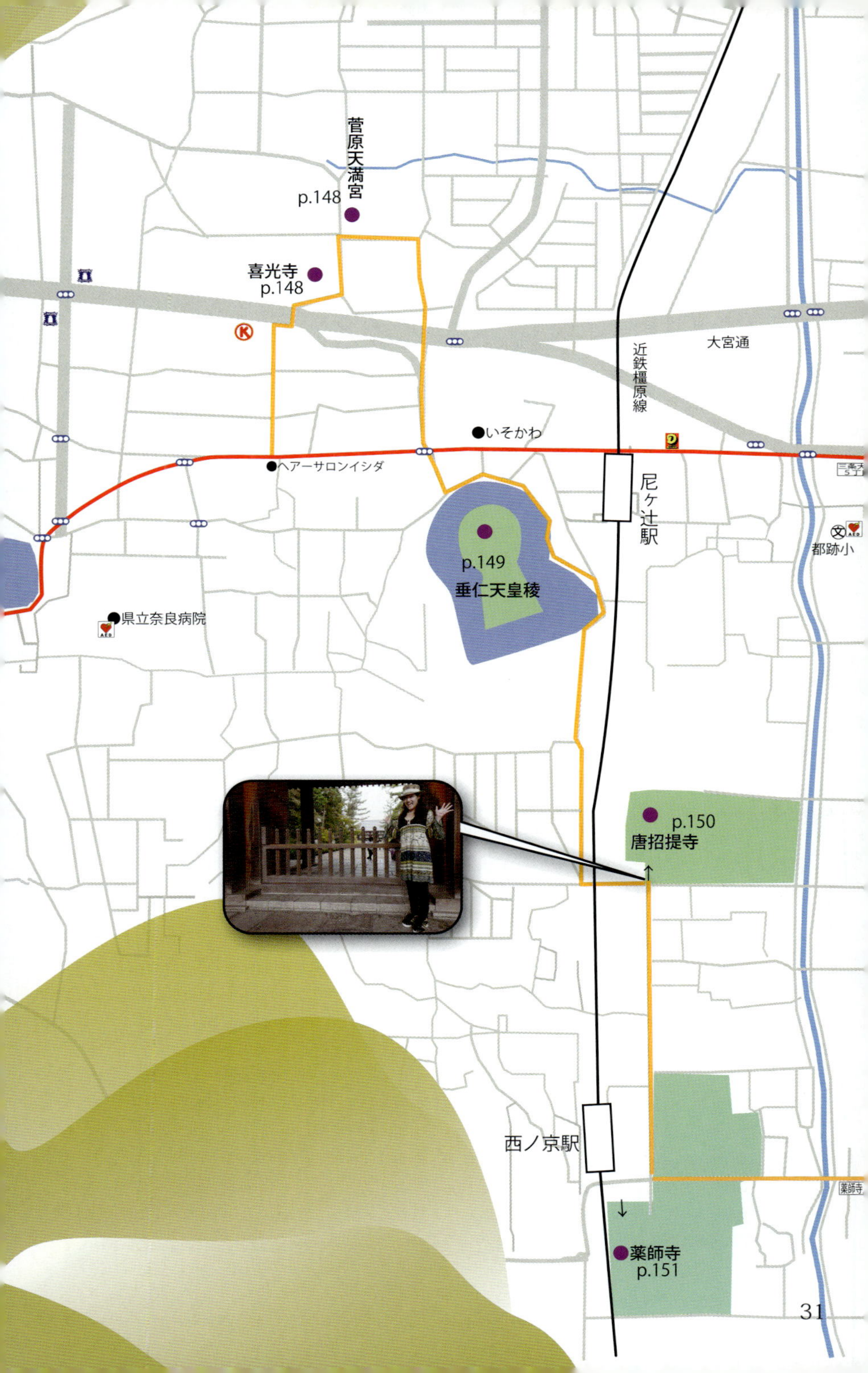

菅原天満宮
p.148
喜光寺
p.148
大宮通
近鉄橿原線
いそかわ
ヘアーサロンイシダ
尼ケ辻駅
三条大
5丁
都跡小
AED
p.149
垂仁天皇稜
県立奈良病院
AED
p.150
唐招提寺
西ノ京駅
薬師寺
薬師寺
p.151

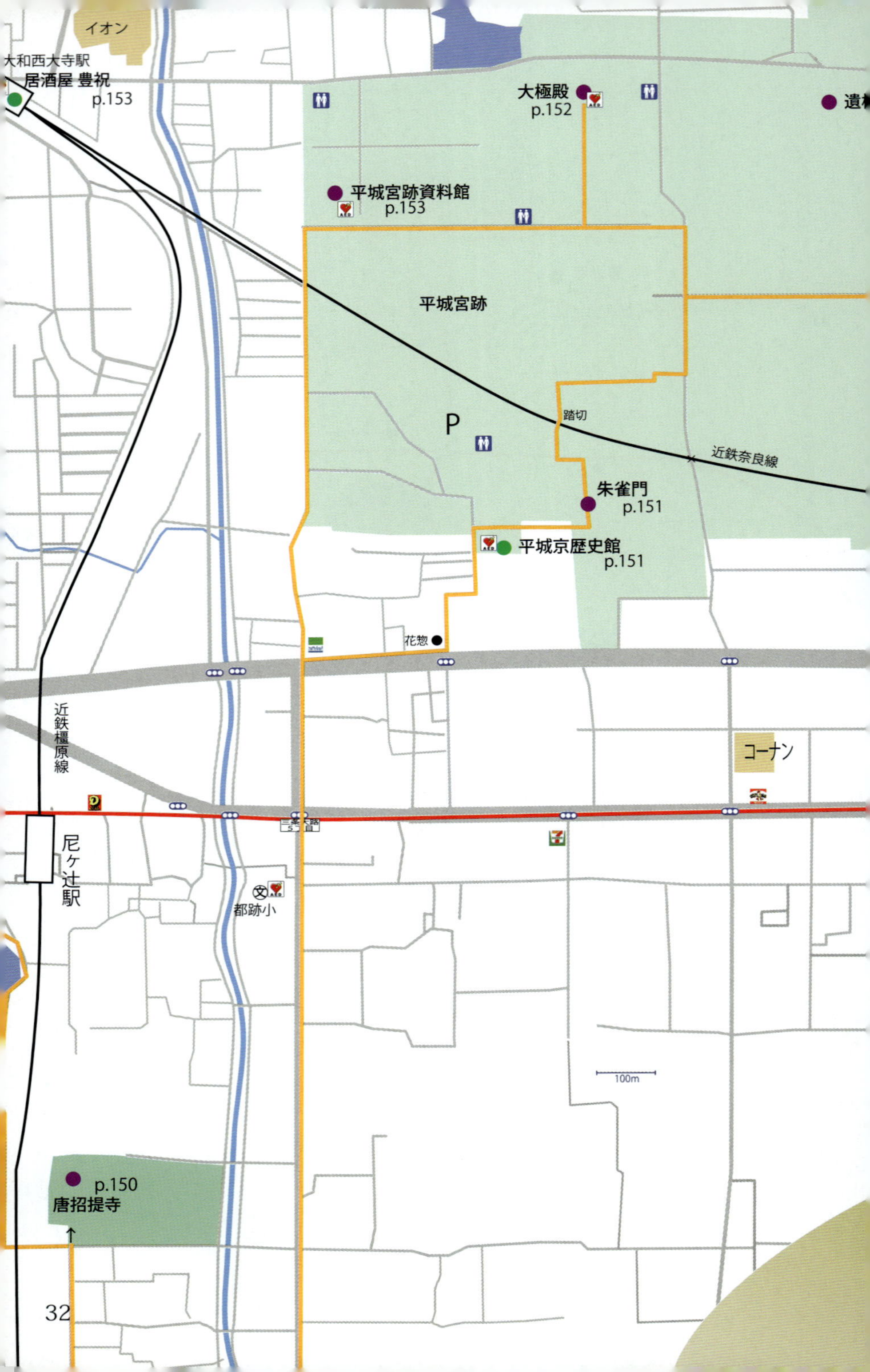
イオン
大和西大寺駅
居酒屋 豊祝
p.153
大極殿
p.152
遺
平城宮跡資料館
p.153
平城宮跡
P
踏切
近鉄奈良線
朱雀門
p.151
平城京歴史館
p.151
花惣
近鉄橿原線
コーナン
三条大路5丁目
尼ヶ辻駅
都跡小
100m
p.150
唐招提寺

遺構展示館
p.152
卍 寛照寺
海龍王寺 卍
卍 法華寺
卍 極楽寺
卍 見光寺
東院庭園
p.151
アスカボウル
佐保川小
イトーヨーカドー
奈良市役所
新大宮駅
奈良中央局
大宮通
大宮小
奈良女子高

奈良法連局
佐保小
奈良育英高
奈良育英小
辰巳学園高等部
奈良女子大
奈良県立大
奈良縣里程元標
奈良舟橋局
奈良県
登大路
開化天皇陵
近鉄奈良駅
奈良県道路元標
p.156
奈良市観光センター
東向商店街
p.156
ＪＲ奈良旧駅舎
p.155
猿沢池
ＪＲ奈良駅
奈良三条局
椿井小
もちいどの商店街
p.156
奈良マーチャントシードセンター
ならまちセンター
卍元興寺
奈良町物語館

鼓阪小
卍 戒壇院
東大寺大仏殿
p.162
京街道（国道364号線）
東大寺南大門
p.162
良県庁
興福寺
p.157
奈良国立博物館
奈良公園
p.158
一の鳥居
春日大社
p.162
奈良ホテル
新薬師寺

01 難波津 naniwazu

—高麗橋《こうらい》から榎木《えのき》大明神まで—（約 2.6㎞）

現在、大阪の中心を流れる大川は、古代、難波堀江として掘削された人工の運河。

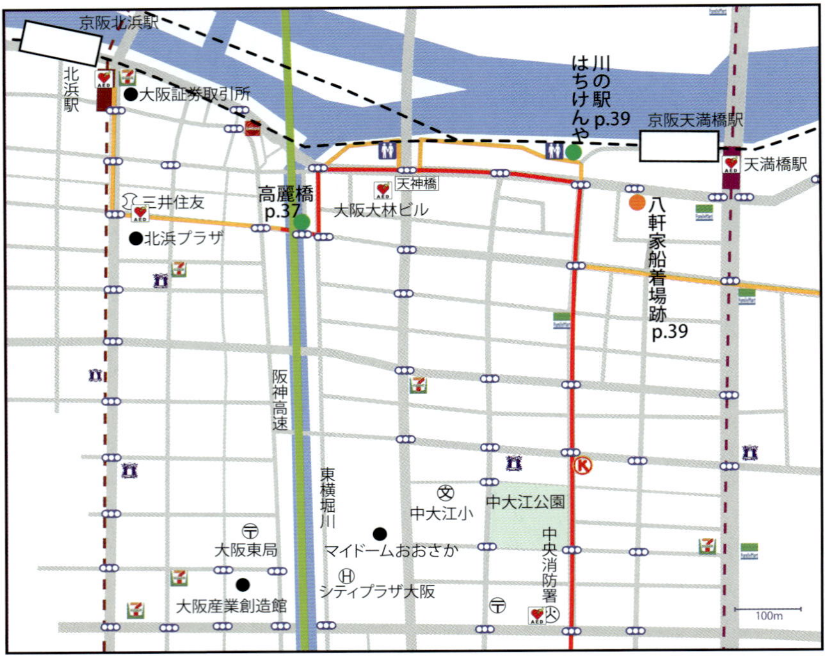

歩き方 北浜駅 ─(堺筋 200m)→三井住友銀行と北浜プラザの間を左─(300m)→**高麗《こうらい》橋**─(10m)→二つ目の信号を左─(100m)→土佐堀通を右─(400m)→**川の駅はちけんや**の前を右─(800m)→千日前通を渡る─(600m)→**榎木大明神《えのきだいみょうじん》**。

土佐堀通から一本北の遊歩道を歩くと爽快だ。**川の駅はちけんや**で土佐堀通に戻り、**八軒家船着場《はちけんやふなつきば》跡**を経由して200m ほどで天満橋駅に至る。**榎木大明神**を越え、長堀通を越え 300m で**空堀商店街**に至る。

高麗橋の里程元標

info 江戸時代から明治にかけて暗越奈良街道の出発点は高麗橋とされていた。さらに北側を流れる現在の大川は、古代に開かれた人工の水路で、難波堀江《なにわのほりえ》と呼ばれていた。(p.41 のコラム参照)そしてこの水路沿いに出来た港が難波津《なにわづ》である。平安時代には渡辺氏が辺り一帯を支配したことから渡辺津《わたなべのつ》と呼ばれ、さらに江戸時代には八軒家船着場と呼ばれ、京より三十石船が着く、熊野街道の起点であった。そして恐らくは遣唐使も外国の使節もここに上陸し大和の都をめざしたのである。暗越奈良街道の出発点として最もふさわしい場所だ。

見どころ

●高麗橋

豊臣秀吉が大阪城西側の外堀として整備したのが東横堀川であり、高麗橋はその際に架けられたと言われている。江戸幕府は、この橋を暗越奈良街道のみならず京街道（大阪街道）、中国街道の起点とし、公儀橋として直接管理した。また、明治政府もこの橋に里程元標を置き、西日本の道路の距離計算の起点とした。

高麗橋東詰

◆大阪市中央区東高麗橋 6-2
◆大阪市営地下鉄堺筋線「北浜駅」

八軒家浜船着場から望む水上バス・アクアライナー。古代に造られた運河「大川」

↑　管の先に耳を当てると…
川の中から電車の音が聞こえる

←　東横堀川と大川の合流点から中之島公会堂を遠望することができる

●八軒家《はちけんや》船着場跡

八軒家船着場跡

奈良時代までは難波津、平安時代には渡辺津と呼ばれていたが、江戸時代には八軒の家屋があったことから八軒家船着場と呼ばれた港で、土佐堀通りの南側、昆布屋さんの店先に跡地を示す石碑が建っている。

またその歴史を引き継いで、現在も水上バス・アクアライナーの「八軒家浜船着場」がある。近くには観光船の案内所にレストランを併設した「川の駅　はちけんや」がある。冷暖房完備の広い無料休憩所もあるので是非利用したい。

川の駅　はちけんや

◆アクアライナー　大阪城・中之島めぐり
◆http://suijo-bus.jp/cruise/plan/aqualiner.aspx
◆大阪水上バス㈱　TEL 0570-035551
◆大阪市中央区大阪城２番地先
◆ 10:00 ～ 19:00 季節により変動有
◆定休日 15:00～19:00 の便は、季節によって運休有
◆入場料金　大人 1,700 円、小人（小学生）800 円（特別料金の期間あり）
◆京阪本線、大阪市営地下鉄谷町線「天満橋駅」

●榎木《えのき》大明神

空堀通りは文字通り大阪城南端にあった水を引かない堀のあった場所だ。榎木《えのき》大明神も、もともとは城内にあったもので、樹齢 650 年の槐《えんじゅ》の木が御神体である。熊野街道と暗越奈良街道の分岐点に位置し、古来道標の役割を担っていたと思われる。

◆大阪市中央区安堂寺町２丁目３
◆大阪市営地下鉄長堀鶴見緑地線
「松屋町駅」

榎木大明神

●空堀通《からほりどおり》商店街

空堀商店街近くの古い民家

　榎木《えのき》大明神を越え、長堀通りを渡って、さらに南下すると映画化された万城目学の小説『プリンセス・トヨトミ』の舞台になった空堀通り商店街がある。庶民的だか個性的なお店が並ぶ。食事に寄ってみるのもいい。

17 世紀以来の歴史をもつ空堀商店街

　途中、大阪空襲の戦禍を逃れた古い町家があるので、ふと路地に迷い込むのも面白い。

◆大阪市中央区上本町西 3 丁目 3-24
◆ 06-6761-0828（空堀通り商店街振興組合）
◆ http://www.karahori-walker.com/shop/karahoridori.html
◆大阪市営地下鉄長堀鶴見緑地線「松屋町駅」

コラム　難波堀江《なにわほりえ》と難波津《なにわづ》

縄文時代前期まで、現在の大阪平野の大半は河内湾と呼ばれる海の底にあった。ただ現在の上町《うえまち》台地だけが大きく半島状に突き出していた。その後、大和川などから運ばれる土砂によって半島の先端に砂嘴《さし》が伸び、遂には海から完全に仕切られ河内湖となり、淡水化する。

縄文時代前期

4世紀末～5世紀初
【難波堀江の完成は6世紀】

18世紀大和川の付替え後

『日本書紀』の記事に、「仁徳《にんとく》天皇は、洪水や高潮を防ぐため、上町台地の北に水路を掘削させ、河内平野の水を難波の海へ排水できるようにし、堀江《ほりえ》と名付けた。」とある。4～5世紀、中国や朝鮮との交易を積極的に推し進めるため朝廷は大和の地を出て、現在の上町台地に新たな都、難波高津宮《なにわたかつのみや》を開いた。都を営むにあたって食糧や生産物を供給する後背地を必要とした朝廷は河内湖の水を排水し広大な農地に変えるため、砂嘴で遮断されていた海との間に水路を開いた。これが難波堀江《なにわほりえ》であり、我が国最初の巨大な土木事業であった。その後、堀江の両岸には港がつくられ、大陸との交易がますます盛んになった。港には高床式《たかゆかしき》の倉庫群が立ち並んでいた。この港が難波津である。

7世紀には難波長柄豊崎宮《なにわながらのとよさきのみや》（前期難波宮《なにわのみや》）、8世紀には難波京（後期難波宮）が営まれ、都が平城京に移った際も副都として栄えた。それ以降も難波津は重要な交易の拠点で在り続け、古代、中世を通じて難波津（渡辺津《わたなべのつ》）は日本最大の貿易港の地位を保ち続けた。

その後も川の氾濫の被害が頻繁に起こったため、18世紀初めに大和川の付替工事が行われ、これにより現在の大阪平野の姿が形成されることになった。

02 難波宮 naniwanomiya

―街道から少し離れて大阪の歴史のメインステージを探索―

大阪歴史博物館より難波宮跡公園を望む。同様に大阪城
全域を俯瞰できる雄大なパノラマがここの魅力だ。

歩き方 街道は高麗橋を渡りすぐに北上するが、このルートは直進する。高麗橋─(900m) →大手前交差点を斜め左─(300m)→旧大阪砲兵工廠《ほうへいこうしょう》廃墟群─(600m)→青屋門を左に入る─(250m)→極楽橋を左に渡る─(200m)→天守閣─(50m)→第四師団司令本部跡─(800m)→大手門を出て左─(400m)→教育塔─(300m)→大阪歴史博物館─(200m)→難波宮《なにわのみや》跡。

info ここは上町台地の北端に位置し、縄文時代には瀬戸内海と河内湾に挟まれた半島であった。５世紀には巨大な高床式倉庫群が立てられ、難波津の交易によってもたらされた産物の集積地であったと考えられている。７世紀にはこの地に難波宮（前期難波宮）が立てられ遷都された。一旦焼失したが８世紀には平城京の副都として再建された（後期難波宮）。下って16世紀には石山本願寺が置かれたが、織田信長によって焼かれる。その後、豊臣秀吉によって大坂城が築かれ名実ともに日本の中心となった。

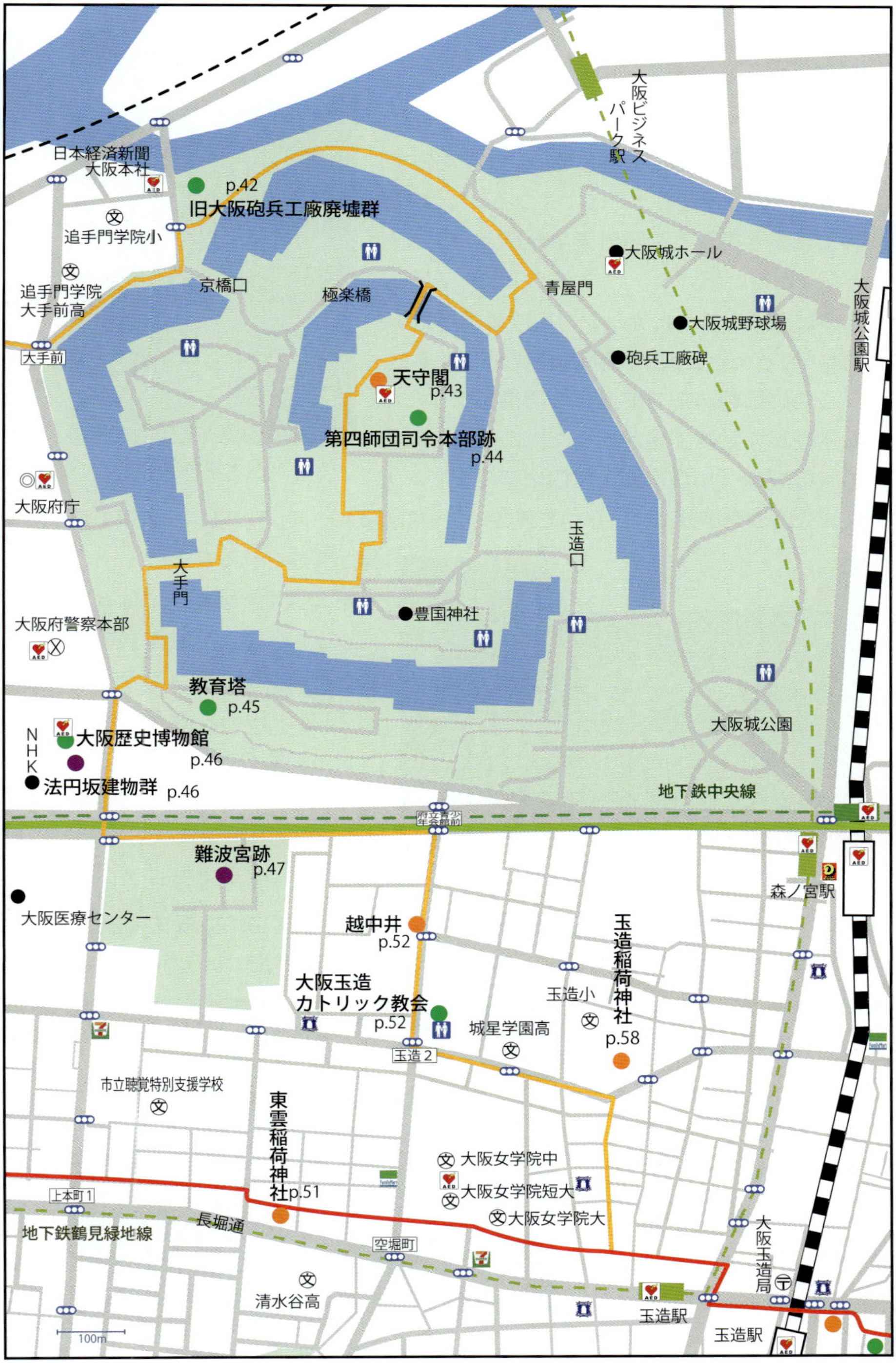

日本経済新聞
大阪本社
p.42
旧大阪砲兵工廠廃墟群
追手門学院小
追手門学院
大手前高
大手前
京橋口
極楽橋
天守閣
p.43
第四師団司令本部跡
p.44
大阪府庁
大手門
大阪府警察本部
豊国神社
玉造口
青屋門
大阪城ホール
大阪城野球場
砲兵工廠碑
大阪ビジネスパーク駅
大阪城公園駅
教育塔
p.45
NHK
大阪歴史博物館
p.46
法円坂建物群
p.46
大阪城公園
地下鉄中央線
府立青少年会館前
難波宮跡
p.47
大阪医療センター
越中井
p.52
大阪玉造カトリック教会
p.52
玉造稲荷神社
p.58
玉造小
城星学園高
玉造2
森ノ宮駅
市立聴覚特別支援学校
東雲稲荷神社p.51
大阪女学院中
大阪女学院短大
大阪女学院大
上本町1
長堀通
地下鉄鶴見緑地線
空堀町
清水谷高
玉造駅
大阪玉造局
玉造駅
100m

見どころ

●旧大阪砲兵工廠《ほうへいこうしょう》

明治天皇聖跡の碑

大阪城公園京橋口の隣に赤レンガの塀に囲まれた門の跡がある。そこに立つ石碑には「砲兵工廠」と書かれ、明治天皇が行幸したことが記されている。

中に入るとすぐに赤レンガの門衛所があり、これをすぎると巨大な科学分析場の廃墟がある。

ここには戦前まで東洋一の規模を誇った旧日本陸軍の兵器工場があった。この先、現在の大阪城ホールから森ノ宮口に至るまで、大阪城公園の東半分には、かつて無数の工場群があり、明治以来、旧陸軍の兵器が製造されてきた。

旧大阪砲兵工廠の門衛所

第二次世界大戦中には６万人以上の工員、学徒動員の学生が従事していた。しかし昭和 20 年（1945） 8 月 14 日、つまり終戦の前日の空襲でほとんどすべての建造物は破壊された。

なお、現在残されている２つの建物以外に、最近まで「砲兵工廠本館」が残っていたが、取り壊され、大阪城ホールがその跡地に建てられた。今でも、大阪城ホールの南側に「砲兵工廠碑」があり、この地のかつての姿を記している。

◆大阪市中央区大阪城 3 番
◆大阪市営地下鉄「天満橋駅」、京阪電鉄「天満橋駅」、JR 東西線「大阪城北詰駅」

旧大阪砲兵工廠の理化学研究所

大阪城天守閣

極楽橋から見た大阪城天守閣

広大な大阪城公園の中心に大阪城の天守閣がある。天守閣に行くには砲兵工廠跡を越え北側の青屋門から入るか、一旦出て京橋口から行くことができる。いうまでもなく豊臣秀吉の創建であるが、現在の天守閣のある場所は徳川時代の天守閣のあったところである。徳川時代に再建されるが直ぐに焼失し、永らく失われたままであった。

しかし昭和 6 年（1931）に当時の大阪市長關一《せきはじめ》の提唱により市民の寄付によって再建された。昭和 20 年（1945）の大空襲にも生き残り、今日に至っている。歴代の天守閣の中でも最も長寿であり、登録有形文化財に指定されている。なお、大手門、塀、櫓などは江戸時代のものであり、重要文化財に指定されている。

◆大阪市中央区大阪城 1-1

◆ TEL 06-6941-3044

◆開館時間　9:00~17:00（最終入館は 16:30）
※但し、桜シーズン、ゴールデンウィーク、夏休み、秋の特別展中は開館時間を延長

◆休館日　年末年始（12 月 28 日から翌年 1 月 1 日）

◆利用料金　大人 600 円、中学生以下無料

◆ http://www.osakacastle.net/（総務課）

米艦載機による機銃掃射の天守閣石垣の痕跡

◆大阪市営地下鉄谷町線「谷町四丁目駅」・「天満橋駅」、中央線「谷町四丁目駅・「森ノ宮駅」、長堀鶴見緑地線「森ノ宮駅」・「大阪ビジネスパーク駅」

JR 大阪環状線「森ノ宮駅」・「大阪城公園駅」、東西線「大阪城北詰駅」、京阪「天満橋駅」

●旧第四師団司令本部／旧大阪市立博物館

旧陸軍第四師団司令部庁舎（のち大阪市立博物館）

大阪城の隣に立つ三層の大きな建物には「市立博物館」と書いてある。後で見る「大阪歴史博物館」が平成 20 年（2008）に完成するまで、この建物は「市立博物館」として使用されてきたものだ。

しかし、もともとは大阪城が再建された昭和 6 年（1931）に同時に建てられた「旧陸軍第四師団司令部庁舎」であった。鳥羽伏見の戦い以降、大阪城跡一帯には大阪鎮台（後の第四師団）が置かれ、様々な軍事施設が散在していて、市民の立入りが厳しく制限されていた。そこで学者としても有名であった関一市長は、壮大な司令部庁舎を第四師団に寄付するのと引き換えに大阪城公園を整備し、市民の憩いの場としたのだ。

戦時中は度々空襲を受けた。その壮烈さは大阪城天守閣の石垣がずれ、弾痕が刻まれていることからもよくわかる。しかし、天守閣とともに不思議と大きな破壊もなく、難を逃れた。原爆の目標として残されたという説もある。戦後は進駐軍に接収され、後に大阪府警察本部として用いられたりした。しかし市立博物館としての役割を終えた後は、閉鎖され廃墟となっている。この壮大な建造物は、間違いなく大阪の昭和史の生き証人であり、新たな役割を期待されている。

◆大阪市中央区大阪城 1-1

◆ JR 大阪環状線「森ノ宮駅」など「大阪城天守閣」と同じ

●教育塔

昭和9年（1934）9月21日、室戸台風が関西地方を襲った。秒速60mの強風と大高潮は大阪にも大惨事を及ぼした。とくに学校ではちょうど始業の前後でもあり、明治時代の古い木造校舎が倒壊し、教職員25名、生徒600名以上が亡くなった。災害直後、多くの教育者が立ち上がり、二度とこのような惨事が起こらないことを願って、生徒、教職員を追悼する記念碑の建設を訴えた。全国の教育関係者はこの呼びかけにこたえ、32万円を超える寄付が寄せられ、大阪城公園にそびえる塔ができた。

昭和11年（1936）10月30日に完成し、その日に被災者を追悼するため第1回教育祭が行われた。以来、教育祭は例年10月30日に挙行されてきた。（現在は10月の「最終日曜日」に実施）戦後、塔の維持管理と教育祭は日本教職員組合に引き継がれ、毎年災害等で亡くなった全国の生徒、教職員が合葬される。ちなみに阪神淡路大震災で亡くなった教職員、生徒も合葬されている。

塔の設計者は島川精。また、塔の正面の浮彫りの図案は長谷川義起であり、左右一対の図案は「災害時の情景」と「講堂での訓書清読」の場面。

◆大阪市中央区大阪城1-1

◆ http://www.kyouikutou-jtu.jp/tou.html

◆大阪市営地下鉄中央線・谷町線「谷町四丁目駅」

前面のレリーフ。身を賭して生徒を守りながら避難する男女の教職員

教育塔。不思議な形のこの建造物は一見しただけでは何なのか分からない。

大阪市立歴史博物館

まずここから大阪城と難波宮跡の全体を眺望したい。エレベーターでまず10階に向かう。ここは「古代ゾーン」で難波宮跡公園が一望できる。1300年前にここに何があったのかが、この階の実物大展示物によって体感することができる。9階に下りる階段の踊り場には大阪城の壮大な俯瞰が広がる。すると今度は「中近世ゾーン」で信長、秀吉の時代の大阪が体感できる仕組みになっている。

大阪市立歴史博物館

◆大阪市中央区大手前4丁目1-32

◆ TEL 06-6946-5728

◆開館時間 9:30 ～ 17:00（金曜日 9:30 ～ 20:00）※入館は閉館の30分前まで

◆休館日　火曜日（祝日の場合は翌日）、年末年始（12/28 ～ 1/4）

◆常設展示観覧料　大人600円（540円）、高大生400円（360円）
常設展示＋大阪城天守閣セット券　大人・高大生900円

◆ http://www.mus-his.city.osaka.jp/

◆大阪市営地下鉄谷町線・中央線「谷町四丁目駅」

法円坂《ほうえんざか》建物群

大阪歴史博物館外には5世紀の高床式倉庫が復元されている。

この場所では、昭和62年（1987）に行なわれた発掘調査で5世紀後半頃の巨大な建物群が発見された。16棟以上の高床建物が整然と建てられており、1棟あたりの規模は桁行（幅）が約10m、梁行（奥行き）は約9m。面積は約90㎡と、当時としては極めて大規模な建物だったことがわかる。柱配置の特徴から、入母屋造りと思われる。建物群は東西方向に棟を揃え、厳密な計画のもとに建てられていた。

6～7世紀には、この付近一帯にはさらにたくさんの建物が建てられるように

復元された５世紀の高床式倉庫

なり、難波津《なにわづ》を中心として、物資の一大集散地として発達した。従って、この建物群はそのような繁栄の魁《さきがけ》の役割を果たしていたと言えよう。

◆大阪市中央区大手前４丁目 1-32

◆大阪市営地下鉄谷町線・中央線「谷町四丁目駅」

●難波宮《なにわのみや》跡公園

一見すると何かの廃墟のような、草原が広がる空間でしかないように見える。

ここは７世紀の前期難波宮と８世紀の後期難波宮があった場所で、中央の巨大な石積の基壇は後者の大極殿跡に復元されたものである。大阪歴史博物館を訪れ、難波宮の歴史を体感した後、この上に立つと悠久のロマンに浸れること間違いない。

難波宮跡公園入口

復元された後期難波宮大極殿の基壇

◆大阪市中央区大手前４丁目 1-32

◆ TEL 06-6946-5728（大阪歴史博物館）

◆入園自由（但し、難波宮跡資料展示室は 11：00 ～ 17：00
※展示室の見学は要事前連絡）

◆定休日　火曜日（祝日の場合は翌日）、年末年始 (12/28 ～ 1/4)

◆入場料金　無料

◆ http://www.pref.osaka.jp/bunkazaihogo/bunkazai/naniwamiyaatokouen.html

◆大阪市営地下鉄谷町線「谷町四丁目駅」、JR 大阪環状線「森ノ宮駅」

03 玉造稲荷 tamatsukuriinari

―榎木大明神からＪＲ玉造駅まで―（約 1.7 Km）

玉造稲荷神社、豊臣秀頼寄進の鳥居、阪神淡路大震災により崩落した
建立された慶長８年（1608 年）３月の文字が見える

歩き方 【01 からのルート】榎木大明神—(500m)→東雲神社—(500m)→ＪＲ玉造駅 【02 からのルート】難波宮—(千日前通を東へ 300m)→府立青少年会館前交差点を右 (200m)→越中井—(200m)→大阪玉造カトリック教会—(350m)→玉造稲荷神社—(400m)→長堀通りを左—(350m)→ JR 玉造駅

info 玉造とは古代から「玉作岡」と呼ばれ小高いところにあり、古代から開かれた土地であり玉作部に所属の玉作職の集団が居住していた。また大阪玉造カトリック教会やキリスト系学校が多い歴史ある地域といえよう。

見どころ

●東雲《しののめ》稲荷神社

地下鉄玉造駅から長堀通りを西へ約５００メートル歩くと玉造稲荷神社の分社の東雲稲荷神社。しののめ神社と読む。もとは新山稲荷神社と呼ばれていた。玉造稲荷神社は小高いところにあるので伊勢参りをするとき、より簡単にここでお参りして済ます人が多かった。

東雲神社の地は江戸時代を代表する町人、松屋甚四郎、その手代源助が「浪速講」を設立した場所にあたる。浪速講とは現在の協定旅館・旅行斡旋業の祖とされ全国に広まり、全国各地の旅館に安心な旅館の目印になり旅人や宿屋に重宝がれた。上方商人の才覚を示すと逸話である。

ビルに囲まれた都会的？な東雲稲荷神社

◆大阪市中央区上町１丁目 8-4

◆ TEL 06-6761-1070

◆大阪市営地下鉄長堀鶴見緑地線「玉造駅」

●越中井《えっちゅうい》

このあたりは細川越中守忠興《ただおき》の邸跡で、「越中井」はその邸内にあったといわれている。慶長5年（1600）関ケ原戦の直前、忠興は家康に従い上杉攻めに出陣した。石田三成は諸大名の妻子を人質にしようとしたが、忠興夫人の玉子（洗礼名ガラシャ）はこれを拒み、家臣に胸を突かせて自害、37歳の生涯を閉じた。

越中井

◆大阪市中央区森の宮中央二丁目 12（越中公園そば）
◆大阪市営地下鉄中央線・JR 大阪環状線「森ノ宮駅」

●細川ガラシャ夫人の像 (大阪玉造カトリック教会)

遠くから見ると聖母像にも見間違う、高貴で威厳に満ちた細川ガラシャ夫人の像が大阪玉造カトリック教会にある。辞世の句に「散りぬべき時知りてこそ世の中の花も花なり人も人なり」は有名。これとは別に細川ガラシャ顕彰碑がある。

夫人像の隣にはキリシタン大名、高山右近の像がある。

細川ガラシャ像

◆大阪市中央区玉造 2 丁目 24 番 22 号
◆ TEL 06-6941-2332
◆ http://www.geocities.jp/general_sasaki/tama_kyokai.html
◆大阪市営地下鉄中央線・JR 大阪環状線「森ノ宮駅」
◆教会敷地内にトイレ、水あり。

玉造稲荷神社

辺りより一段と高い場所に造られた玉造稲荷神社

玉造稲荷神社は河内名所図会にも描かれている。玉造稲荷神社には由縁によれば垂仁天皇時代の紀元前創建という長い歴史があり、玉作部に所属の玉作職の集団が居住していた。大阪で最も古いといわれているこの神社は豊作を意味する稲荷神社でのちには大阪城の守護神としても鎮座する。豊臣秀頼寄進の鳥居や近松門左衛門石碑、玉造資料館などがある。昔からお伊勢参りの第一歩として大阪の玄関口に位置するここで安全を祈願するにふさわしい神社。現在も伊勢神宮へ街道を歩きお参りする講があり、毎中恒例の行事としてテレビなどでその風景が登場する。

江戸時代、ここは大阪に於けるお伊勢参り出発点だった。

玉造稲荷神社は江戸時代では大坂城の玉造黒門が近くにあったので、付近に産する瓜は、玉造黒門越瓜《しろうり》と呼ばれ難波の美味しい地場野菜の一つとして、近郷からも押し寄せるほど人気があった。細長くて縦縞の模様があり身が白い。玉造稲荷神社の境内に伝統野菜を保存するため今も植えつけられている。

◆大阪市中央区玉造 2 丁目 3 番 8 号

◆ TEL 06-6941-3821

◆ http://www.inari.or.jp/

◆ JR 大阪環状線「玉造駅」「森ノ宮駅」、大阪市営地下鉄中央線「森ノ宮駅」、大阪市営地下鉄長堀鶴見緑地線「玉造駅」「森ノ宮駅」

◆玉造稲荷神社境内にトイレ飲料水あり。施錠時は社務所へ。

玉造黒門の越瓜

04 二軒茶屋跡 nikenjyaya ato

—玉造駅から玉津橋まで—（約 0.6㎞）

献花の絶えない矢田地蔵

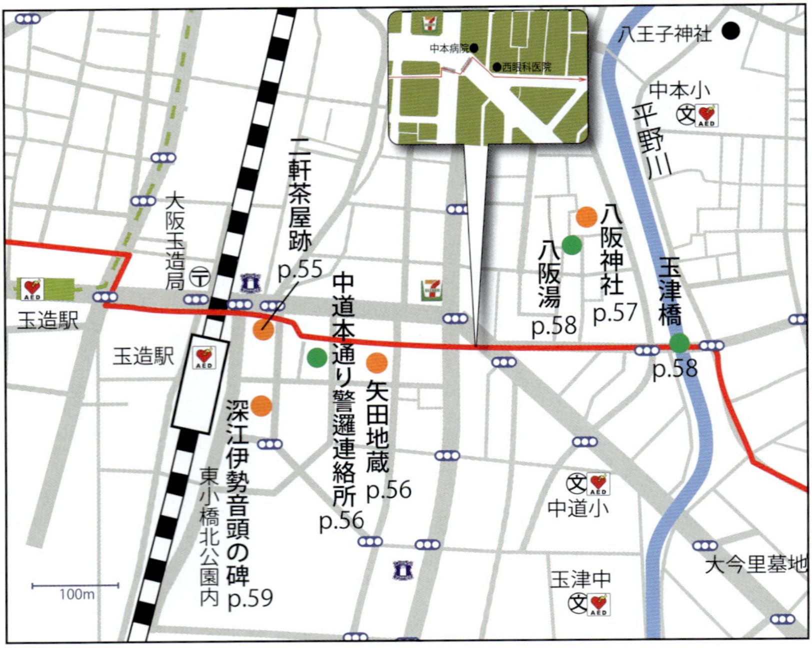

歩き方　ＪＲ玉造駅 ─(駅ガードを越えて 50m)→ **二軒茶屋・石橋の碑** ─(30m)→ 街道の 3.6km 道標を右 ─(20m)→ **中道本通り警邏《けいら》連絡所** を左 ─(80m)→**矢田地蔵** ─(100m)→玉津１交差点 ─(大通り横断歩道を２つ渡る 50m)→ 中本病院 ─(40m)→西眼科医院を左 ─(100m)→**八阪神社**石碑と**一里道標** ─(120m)→**玉津橋**

info　江戸時代、玉造界隈は街道の入り口としてにぎわったところで、二軒茶屋などは摂津名所図会などに当時の様子が掲載されている。当時の人々は矢田地蔵で安全祈願して、奈良へ向かった。玉造駅は戦前から近くに陸軍の砲兵工廠もあり貨物駅としても利用されてきたところで、貨物車が高架の線路と地上を平行して走っていた。今はないが、長い間地上にはコンクリートのホームが残っていた。

見どころ

●二軒茶屋・石橋跡

江戸時代から奈良街道の往来はいよいよ盛んになり、この街道の起点であった玉造に「つるや」「ますや」という二軒の茶屋が建てられた。旅人等の休息の場として繁昌した。ここに茶屋が二軒あったところから " 二軒茶屋 " といわれ世に広く知れわたった。

この二軒の傍を流れていた猫間川《ねこまがわ》に宝永８年 (1711)【一説には慶安３年（1650)】幕府の命によって橋が架けられたのが " 石橋 " だ。正式には黒門橋という。この付近にあった大阪城の黒い門があったことからこの名前がつけられた。当時、大阪では珍しい石造だったので、「石橋」とも呼ばれている。

二軒茶屋・石橋跡

◆大阪市東成区東小橋１丁目２

◆ JR 大阪環状線「玉造駅」

●中道本通り警邏《けいら》連絡所

昭和12年（1937）に建てられ、今も当時の面影を残している警邏連絡所。府内の連絡所の中で５番目に古い。戦争により周囲の家屋の大半が空襲で焼損する中で　唯一、焼け残った。地元住民に愛され、保存活動も起こっている。また暗越奈良街道のハイカーの集合場所としてもよく使われ、撮影スポットになっている。

今でも現役の中道本通り警邏連絡所

◆大阪市東成区東小橋 1-2-4
◆ JR 大阪環状線「玉造駅」

●矢田《やた》地蔵

道標には「従是 二り松原 一り余りくらがり峠 一里余小瀬 一り矢田山」とある。

豊臣秀吉の弟の秀長が郡山城主となり、大坂城と郡山城の行き来が頻繁となったため、暗越奈良街道の整備が進んだ。この矢田地蔵は、その郡山にある、紫陽花《あじさい》で有名な矢田寺に所縁《ゆかり》がある。８月の地蔵盆には、今でも矢田寺から僧侶が供養に訪れる。旅人はここで道中の安全祈願をおこなったのかもしれない。

矢田地蔵、摩耗したお姿が歴史を感じさせる

◆大阪市東成区東小橋 1-1-2
◆ JR 大阪環状線「玉造駅」

八阪神社と一里道標

一里道標

八阪神社の入口に「暗越奈良街道 距高麗橋元標《こうらいばしもとひょうより》壱里《いちり》」の道標（明治 35 年 7 月設置）がある。江戸時代は、二軒茶屋が街道の起点であったが、明治 9 年（1876）の道路整備に伴い高麗橋に起点が移った。その高麗橋東詰の里程元標から 1 里（4 km）の位置にあたることを示している。

その奥にある八阪神社は、旧中道《なかみち》村の氏神で、藤原道長がこの地に別荘を建て祀っていたものを仁安元年（1166 年）に里人が社殿を再興したもので、天正 12 年（1584）に現地に移転したと言われている。

八阪神社

昭和 2 年（1927）、大阪市から八阪神社は、取り壊された黒門橋（石橋）の石材の寄贈を受けた。この石材は、記念碑や西側の玉垣の一部として使われている。この石材の存在は、この地域の人々の石橋に対する愛着を示す貴重な記憶・文化遺産だ。

石橋の石材を使った記念碑　↓

↑　石橋の石材を使った石塀

◆大阪市東成区中道 4-8-20

◆ 06-6971-4103

◆ JR 大阪環状線「玉造駅」

神社の入口にある八阪湯

●八阪湯

八阪神社の入口のすぐ傍にある八阪湯は、昭和３年（1928）創業の老舗銭湯。昭和レトロを味わえること間違いなし。

◆大阪市東成区中道 4-10-12
◆ 06-6981-4361
◆ 14:00 ～ 24:00　休業日毎週月曜日
◆大人 410 円（中学以上）　中人（小学生）130 円　小人 60 円

●玉津橋《たまつばし》

玉津橋の石畳風ペーブメント

玉津橋の下を流れる平野川は、百済《くだら》川という名で古歌にも詠まれている古い川。寛永 13 年（1626）から、柏原舟《かしわらぶね》（物資運搬舟）が、この川を通って、河内の柏原と大阪の八軒家を結ぶようになった。するとこの辺りは一気に物流の拠点となった。柏原舟は最盛期には１日 70 艘上り下りし、明治末期にいたるまでこの運航は続いた。

江戸時代には、この橋の付近に馬をつないで、旅人に「馬に乗ってくだせ」と勧める人がいたと言われている。橋の東部やや下流に本庄村の舟着場があった。明治 35 年（1902）にはここに中河馬車株式会社の馬車発着所が設けられ、ここから瓢箪山《ひょうたんやま》まで馬車が通っていた。

玉津橋は昭和 61 年（1986）に架け替えられたが、これを契機に、この橋の歴史を記す金属板が設置された。これは江戸時代の文化２年（1805）制作の絵地図『増修改正摂州《せっしゅう》大阪地図』をエッチングしたもので、パネル６枚が欄干に取り付けられた。また、歩道部分も暗峠につながる雰囲気を出すために石畳風に仕上げらた。

なお、毎年８月 15 日の夕方には精霊流しの行事が地元主催で行われている。（ただし、現在では実際には川には流していない）

◆大阪市東成区中道４丁目～中本４丁目
◆ JR 大阪環状線「玉造駅」

コラム 「石橋」と伊勢音頭

宝永８年 (1711)【一説には慶安３年 (1650)】に幕府の命により木造であった黒門橋が石造橋に造りかえられた。当時石造橋は珍しかったため、通称「石橋」と呼ばれるようになった。これは暗越奈良街道の通行が頻繁となり猫間川を安全に通行させる堅牢な橋をかける必要があったからだ。なお「黒門」とは、この付近にあった大坂城の玉造門が黒い門（後に天王寺区へ移築）であったことに由来し、その近くにある橋ということで黒門橋と名づけられたという。

昭和５年（1930）に建立された「玉造名所　二軒茶屋・石橋旧跡」と刻まれた碑（前述）は地元の人々の寄付により、廃橋となった石橋の一部で作られたものである。また、既述のようにこの石橋の一部は、八阪神社の境内でも記念碑や石塀として利用されているほか、さらに少し北にある、八王子神社（中本 4-2-48）にも記念碑として保存されている。

ところで玉造駅前の東小橋北公園（東小橋 1-9）に埋めてある碑には伊勢音頭の歌詞が刻まれている。お伊勢参りの光景や当時の日常生活などが、偲ばれる内容である。

伝承　深江伊勢音頭（笠縫唄）

笠をせいだいして　笠倉建てて
村の庄屋どんに負けぬように
佐渡の金山遠いと思たら
笠をせいだいすりゃお手の内
歌をうたわしゃれ　話をやめて
話は仕事の邪魔になる
笠を買うなら　深江でかやれ
馬の足がた　これ名所

ここは深江から少し離れた場所であるが、地域住民が伊勢音頭・伊勢街道を大事にしていることが伺い知れる貴重な碑である。なお歌詞の最後にある「馬の足がた」は深江の産する菅の特徴として馬蹄形の模様があることから、当時の一流品であった深江ブランドの証となっており、有名であったようだ。

05 今里ロータリー Imazato Rotary

—玉津橋から熊野大神宮まで—（約 1.2㎞）

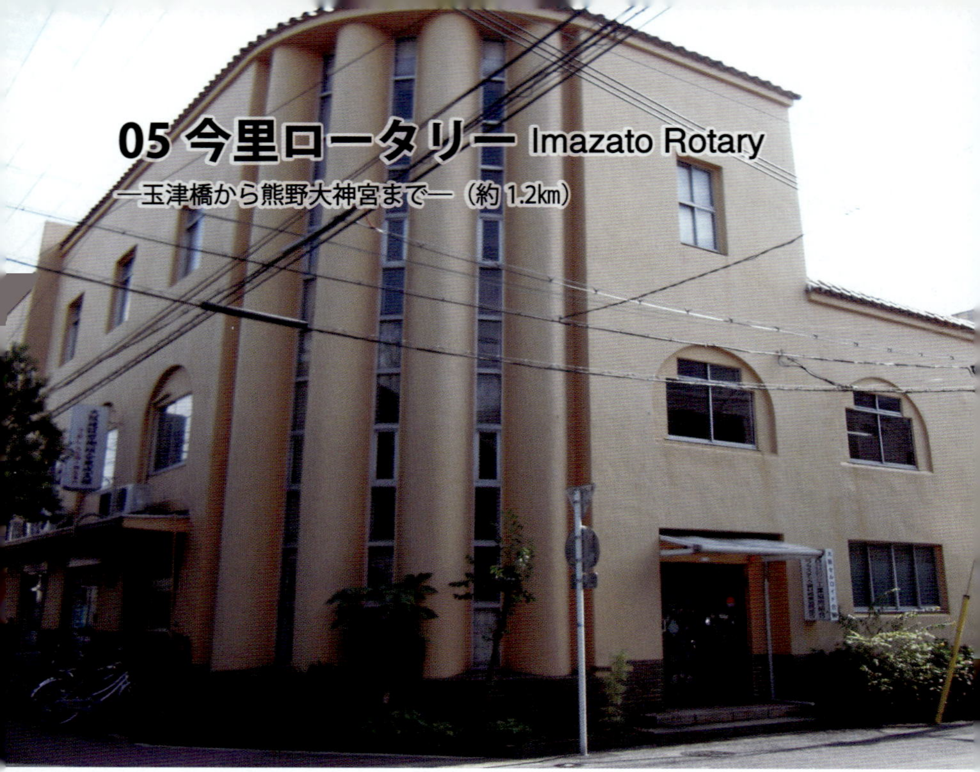

昭和６年建設の大阪セルロイド会館のモダンな外観

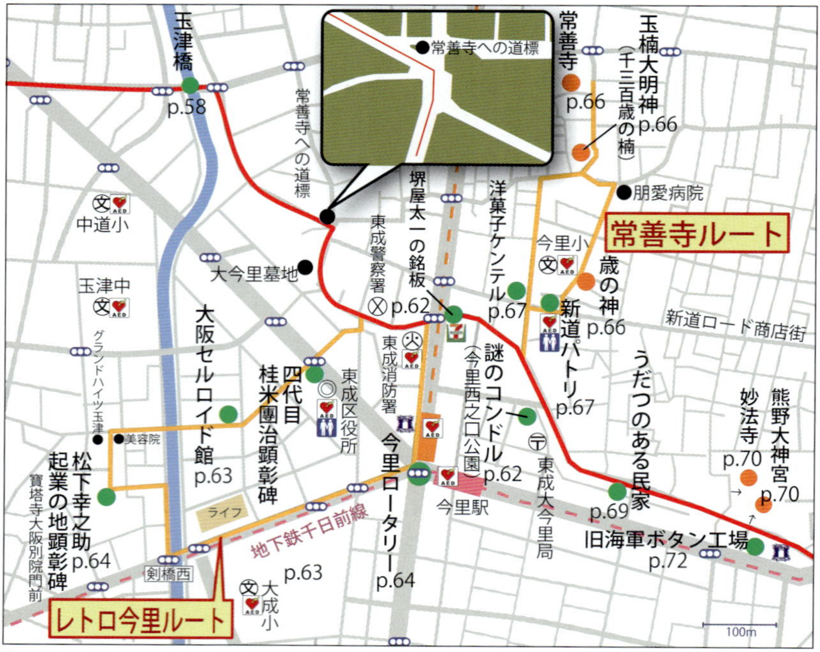

歩き方 【街道直行ルート】玉津橋―(20m)→最初の信号を右―(600m)→常善寺《じょうぜんじ》への道標 を右【詳細図参照】―(200m)→ 東成警察署 ―(100m)→ **今里筋** を渡る ―(20m)→ **堺屋太一銘板** ―(200m)→**謎のコンドル** ―(350m)→ 熊野大神宮

常善寺への道標

【レトロ今里ルート】東成警察署前を右―(100m)→長堀通を渡る ―(20m)→ **四代目桂米團治《よねだんじ》顕彰碑**（区役所前）―(500m)→**大阪セルロイド会館**―(200m)→美容院を左―(150m)→**松下幸之助起業の地顕彰碑**を右―(100m)→平野川を右―(100m)→剣橋西交差点を左―(350m)→**今里ロータリー**、斜め左 200m で街道に合流。なお「燈《あかり》」へは、そのまま約 4㎞歩くか、地下鉄今里筋線利用、緑橋駅下車徒歩５分。

【常善寺ルート】**堺屋太一の銘板**から東へ―(150m)→三差路を左手前方向―(50m)→ 新道ロード商店街、**洋菓子ケンテル**―(200m)→突き当りを右―(50m)→三差路を左―(30m)→**玉楠《たまぐす》大明神**―(150m)→**常善寺**―(来た道を戻る 180m)→三差路を左―(50m)→朋愛病院前を右―(150m)→**歳の神**―(50m)→今里新道商店街を右―(20m)→新道パトリ―(30m)→洋菓子ケンテル前を左、50m で街道に合流

info 今里界隈は、芸能と工業の街だ。常善寺は江戸時代に道頓堀などの芝居興行の相談など行われたところ。大今里墓地などに桂仁左衛門の墓など古い墓石が多く残っている。戦前は玉造に吉本の小屋もあり、いろいろな芸人が住んでいた地域であった。四代目桂米團治は戦前から今の東成区役所敷地内で代書業を営み、これを題材にしたのが創作落語「代書」。四代目桂米團治は文化勲章受賞者・人間国宝の桂米朝の師匠である。一方、セルロイド会館は、この地域にかつてセルロイド工場が多くあり、活力があった時代を偲ばせる建築物。松下幸之助起業の地は地域の歴史家が当時の文献などを探しながら確定したもの。

見どころ

堺屋太一の銘板

河内名所図会などを引用しながら、街道沿いの各地域を紹介。今里には「暗越奈良街道」を辿ることができるように各種表示板が整備されている。

暗越奈良街道と今里筋が交差するあたりには、ビルの壁面に堺屋太一の銘文が刻まれている。「暗越奈良街道は、大阪と奈良を結ぶ最も近い道だ。それだけに、古来、様々な人と物とがここを通った。古くは天平時代、大仏開眼に招かれたインド僧が（736年）、ついで中国の鑑真和上が（753年）ここを通って奈良の都に入った。正倉院に残る宝物の中にも、この道を運ばれたものが多かったことだろう。この道は、シルクロードの東の端なのだ。」

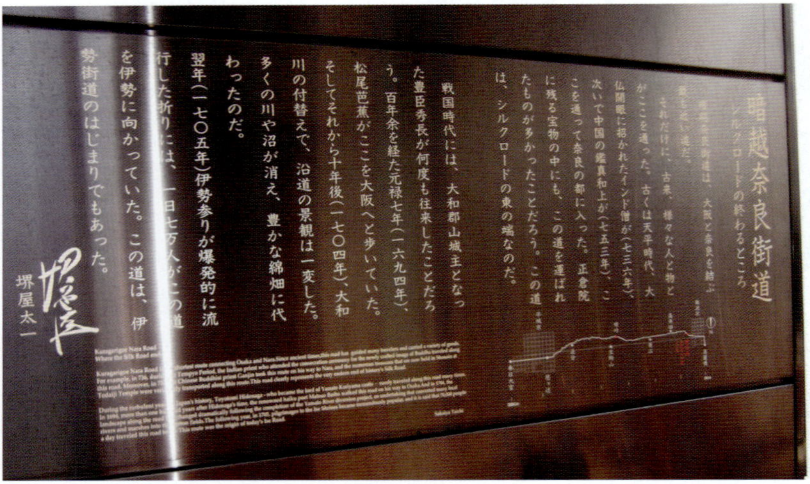

堺屋太一氏の銘板

謎のコンドル

謎のコンドル

今里西之口公園にある石のコンドルのレリーフは、セメントで造られている。地元のお年寄りのお話では、昭和10年（1935）からこの付近にあったようだ。このレリーフのデザインは戦前の大軌鉄道のマークであり、百貨店に掲げてあったという説が有力である。何かの御縁でこの地に鎮座、少しくたびれている謎のコンドルである。

◆大阪市東成区大今里3-17（今里西之口公園）

● 四代目桂米團治《よねだんじ》顕彰碑

四代目桂米團治顕彰碑

四代目桂米團治は道頓堀の生まれで、三代目桂米團治に入門。昭和11年（1936）に五代目笑福亭松鶴の主催する「楽語荘」に参加して『上方はなし』の同人となり、「中濱静圃《なかはませいほ》」の筆名で編集・執筆に携わった。その一方で、昭和13年（1938）に代書人（現在の行政書士）の資格を取得し、東成区役所近隣（現在の区役所敷地内）の自宅にて「中濱代書事務所」を開き、その経験から落語「代書」を創作した。文化勲章受賞者・人間国宝の桂米朝の師匠としても知られ、他にも三代目桂米之助、桂米治郎、二代目桂べかこ、といった弟子がいる。顕彰碑に刻まれました「儲かった日も代書屋の同じ顔」は四代目作の川柳で、この碑のために五代目桂米團治が書いたものだ。

◆大阪市東成区大今里西2丁目8番4号（大阪市東成区役所前）

◆ TEL 06-6977-9986（東成区役所）

● セルロイド会館

セルロイド会館南正面

大阪セルロイド会館は、昭和6年（1931）に建設され、昭和12年（1937）に増築された。列柱構成の洋風デザインの北側と町家風デザインの南側を組み合わせたこだわりの建物。外観も北側角は湾曲しているが、南側角は軒がせり出し、角がある。内装にもこだわりがあり、北階段は螺旋階段になっているが、南階段は直線状で、踊り場で180度回転して登る。階段の窓も、北側は長い長方形だが、南側は、正方形。平成13年（2001）に文化庁により登録有形文化財（建造物）に指定された。（南側玄関右にそのプレートがある）

◆大阪市東成区大今里西2丁目5番12号

◆ TEL 06-6971-8031 ～ 2

◆ http://ebisu.softeng.co.jp/cellukaikan/

◆大阪市営地下鉄千日前線・今里筋線「今里駅」

松下幸之助起業の地顕彰碑

松下幸之助起業の地顕彰碑

平成16年（2004）松下幸之助の生誕110年の節目の年に寶塔《ほうとう》寺大阪別院門前に「此付近《このふきん》　松下幸之助起業の地」の石碑が地元の建立された。この碑の北側一帯には借家が多くあり、幸之助はその一角の借家で暮らしていた。

世界のパナソニックの創業者、松下幸之助は、自身が考案した「松下式ソケット（有名な二股ソケットではない）」を製作するため、それまで勤めていた大阪電燈を大正６年（1917）６月に退職。当時住んでいた猪飼野《いかいの》（東成区玉津２丁目）の借家、四畳半・二畳の二部屋のうち四畳半の床を落とした作業場で、妻むめのやその弟の井植歳男《いうえとしお》（三洋電機の創業者）らとソケット作りを始めるが、作ったソケットはまったく売れずに困窮した。たまたま舞い込んだ扇風機の部品の仕事で窮地を脱し、翌年３月にさらなる飛躍を求め福島区大開町の少し大きい借家に引っ越した。

８ヶ月に渡る貧乏暮らしにも拘らず、明日を夢見てこの地で３人が仕事に邁進したからこそ、世界のパナソニックの今があると言える。

◆東成区玉津２-14-８
◆大阪市営地下鉄千日前線・今里筋線「今里駅」

今里ロータリー

今里ロータリーは今里筋、千日前通、長堀通が交わる五差路の交差点で東成区大今里三丁目にある。当初、大阪市都市計画では千日前通と末吉橋《すえよしばし》通（現長堀通）はそのまま東へまっすぐ延長される予定であったが、住民の反対運動があり、千日前通は北向きに、末吉橋通は南向きに方向を変えて延長し、今里で二つの通りが合流するようになった。当時はここは湿地帯で土地の買収がし易かったという側面もあった。昭和９年（1934）に設置された交差点は五叉路となり、当時の法規では信号機が設置できないとして、ロータリーが設置された。その後1分間に170台余りの車が通る交通の難所になり、歩行者の横断が困難なため、この問題を解決すべく、昭和29年（1954）、中央部分の空き地が撤去され信号機の設置がおこなわれて通常の交差点となった。戦前はロータリーの中央に柵が設けられ、子供の遊び場になっていたという。

上：昭和初期の今里ロータリー
下：現在（2008年）の今里交差点
東成区役所「さがしてみよう ちょっと昔の東成」より

◆大阪市営地下鉄千日前線・今里筋線「今里駅」

● 燈《あかり》

今は無き千間川沿いにある大正ロマンの薫る家「燈《あかり》」。戦前の長屋の外観を活かした複合施設。1階は帽子屋、バー、アンティークショップ、竈《かまど》のあるスペース空間とくつろげるデッキ。2階は洋間と床の間のある和室、欄間のデザイン、建具の細工、障子の彩色、手づくりガラスなどを楽しむことができる。

古き良き大正時代の雰囲気あふれる施設だ。

大正ロマンの薫る家「燈」

◆大阪市東成区東中本1-2（巻頭MAP p.16を参照）
◆営業時間：午前11時から午後7時水曜日定休（一部テントにより異なる）
◆ http://www.machiya-akari.com/dnn/Home/tabid/37/language/ja-JP/Default.aspx
◆大阪市営地下鉄中央線・今里筋線「緑橋駅」

玉楠《たまくす》大明神（1300歳の楠）

樹齢１３００年の楠、「玉楠大明神」

大阪府下でも古い部類にあたる樹齢1300年を数えるという楠があり、幹周は11 m、樹高は25 m あり、平成17年（2005）1月に大阪市保存樹に指定された。明治18年（1885）の淀川大洪水で、この地域一帯が水没した際、当時の今里村村民40数名は、この楠に櫓《やぐら》を組んで、3日間ほど耐え忍び、難を逃れたと伝えられている。

この場所は、西今里村の氏神で八剱《やつるぎ》神社といったが、明治42年（1909）に八王子神社に合祀されて御旅所《おたびしょ》となる。隣に西今里の地車小屋もあり、地元では、楠神社と呼ばれ、親しまれている。

◆大阪市東成区大今里1-17-10（八王子神社御旅所）
◆大阪市営地下鉄千日前線・今里筋線「今里駅」

常善寺《じょうぜんじ》

常善寺は、寛延元年（1748年）に創建された寺で、道頓堀のなにわ五座の演目を決める相談を、役人や関係者がおこなっていた寺である。当時、席主は舟で、演者は街道を歩いて来たという。

◆大阪市東成区大今里1-2-14
◆大阪市営地下鉄千日前線・今里筋線「今里駅」

歳之神《さいのかみ》（賽神《さいのかみ》）

歳の神

一本の藤の木とともに、今里小学校の裏側にひっそりと鎮座している。歳之神は疫病や災難を防ぐ神（道祖神）とされている。

起源は、天正11年（1583)、豊臣秀吉が大坂城築城時に、護り神として各方角に祀ったものの1つとされている。しかし現存するものは珍らしい。

◆大阪市東成区大今里1-34-23
◆大阪市営地下鉄千日前線・今里筋線「今里駅」

新道パトリ

いつも賑わっている新道パトリ

PATRI とは英語で「愛郷心」を意味。「絆をつなぐところとして、雨宿りができる茶店のイメージ、駆け込み寺や井戸端のたまり場がある風景を今里商店街に重ね、作りましょうと思い立ち、「パトリ」が誕生してから一年がたちました。」

平成 22 年（2010）6 月にオープンした新道ロード商店街にある交流サロン。住民のくつろぎの場や喫茶コーナとして利用されている。身体障害者対応のトイレもあり。歌声喫茶、落語会、法律相談なども開催されて楽しい憩いの場ともなっている。東成区民からデザイン募集された「街道焼」（タイ焼き）を定期的に焼いていたり、地域住民に好評である。旅人のあなたも覗いてみたら…

喫茶コーナー

◆大阪市東成区大今里 1-35-20
◆ TEL 06-6753-7539
◆午前 10 時〜午後 4 時　定休日　日曜日
◆ http://www5.ocn.ne.jp/~patri/index.html
◆大阪市営地下鉄千日前線・今里筋線「今里駅」

食べ処

洋菓子ケンテル

「二軒茶屋で逢いましょう」（マドレーヌ）「万葉代匠記２１」(レモンケーキ) が販売されている。街道の名所を洋菓子にしたものだ。是非おみやげに。

◆大阪市東成区大今里 1-36-16
◆ TEL 06-6974-6808
◆ 9：00 〜 20：30　不定休
◆ http://www.kentel.jp/
◆大阪市営地下鉄千日前線・今里筋線「今里駅」

「二軒茶屋で逢いましょう」と「万葉代匠記 21」

06 熊野大神宮 kumanodaijingu

—熊野大神宮から新深江駅まで—（約 0.5km）

熊野大神宮あたりは，板塀、うだつ（梲）、土蔵などのある民家が続く

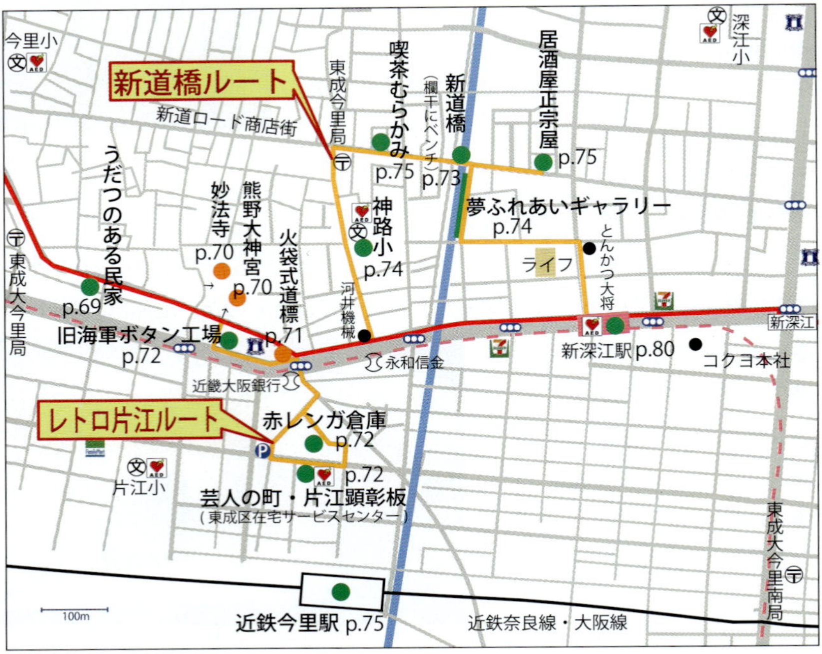

歩き方　【街道直行ルート】**熊野大神宮・妙法寺**―(100m)→火袋式道標―(国道 308 号線を左 100m)→河井機械―(300m)→新深江駅。

【レトロ片江ルート】**熊野大神宮**を右―(40m)→国道 308 号線を左―(50m)→**旧海軍ボタン工場**―(50m)→**火袋式道標前**の横断歩道を渡って、近畿大阪銀行の横の道を直進―(50m)→三井通商ビルの横を右―(15m)→最初の角を左―(50m)→**赤レンガ倉庫**―(30m)→突き当りを右―(20m)→最初の十字路を右―(50m)→**芸人の町・片江顕彰板**―(40m)→駐車場の手前を右―(120m)→三井通商ビルを左―(50m)→横断歩道を渡って、**火袋式道標**に戻る。

【新道橋ルート】 河井機械を左―(150m)→**神路小学校**―(150m)→新道ロード商店街アーケードを右―(70m)→**喫茶むらかみ**―(110m)→**新道橋**を渡って右に。(**正宗屋**へは曲がらずに直進 120 m)　夢ふれあいギャラリーが 80m にわたって続く。―(新道橋から 120m)→次の橋のある十字路を左―(180m)→とんかつ大将を右―(120m)→国道 308 号線上の街道に合流。

info　熊野大神宮付近は古民家が残されており、現在の暗越奈良街道で最も昔の「街道」の雰囲気が感じられる街並みだ。一方、国道の反対側にある片江は芸人の街として有名。近隣には落語家や著名な芸人達が住んでいた。昭和に入り近鉄今里駅の南側に今里新地が開かれ、多数の芸伎が暮らし、日本有数の繁華街を形成した。また、この地域には、昭和に入りボタン、セルロイドなどの産業が興った。旧海軍ボタン工場や赤レンガ倉庫など、当時を偲ばせる建築物が今でも残されている。また、ベンチのある新道橋や平野川放水路の「夢ふれあいギャラリー」の散策も楽しいしい。

見どころ

●うだつのある民家・蔵

街道沿いには弁柄格子やうだつのある民家、蔵などがあり、昔の街道の雰囲気が残っている。左上の写真の民家は、よく見ると板塀には和釘が使用されている。これは現在の頭が平たい軟鉄の釘（洋釘）ではなく、刀鍛冶の技術で作成した手作りの頭のない鋼製の釘（和釘）である。また、小さな看板などを細かく見ていると面白いことも発見できる。

熊野大神宮

熊野大神宮

街道沿いの住宅地の中に埋もれるように立っている。それほど広い境内ではないものの、いくつもの摂社・境内社を持つたいへん整った神社である。由緒書きによると、創立年代は1400年以上前ということである。「用明天皇２年、厩戸皇子《うまやどのおうじ》が四天王寺を浪速玉造の岸に創立せられたとき、拾弐坊の伽藍を建立せられ、当社社務を司らしめられました」とあり、創建に聖徳太子が関わっていたとされている。もとは熊野権現と称していたが、明治８年（1875）権現号を廃し、熊野大神宮と改称した。

◆大阪市東成区大今里４丁目16-48
◆ TEL 06-6971-6997
◆大阪市営地下鉄千日前線「今里駅」

妙法寺

妙法寺

近世国学の祖といわれる契沖《けいちゅう》が、延宝７年（1679）から元禄３年（1690）までの11年間、住職をした寺である。契沖は武家の出で、尼ヶ崎に生まれ、11才のときに出家して仏門に入った。高野山で修業にはげみ、妙法寺住職となってから本格的に国学研究に専念した。徳川光圀《みつくに》から依頼され、『万葉代匠記《まんようだいしょうき》』を著すなど、我が国、国学の発展に尽力した。寺には光圀から寄進された香炉《こうろ》が残っており、毎年秋に開催される **東成歴史文化まつり～暗越奈良街道** の時に展示される。また、妙法寺の庫裏《くり》は御堂筋の拡張に伴い三津寺《みってら》から移築されたもので、江戸時代中期の建築物として大阪府有形文化財に指定されている。また妙法寺境内に

契沖の墓

は契沖の供養塔と慈母の墓があり、昭和24年（1949）に、僧契沖遺跡として大阪府顕彰史跡に指定された。

宝歴（1751～64）年間、妙法寺は一時衰退していたが、泊中法典和尚が住職となって、大黒天信仰を鼓吹してからは参拝する人が増え、「南にては今宮のゑびす、東にては今里の大黒」とまでいわれるようになった。

◆東成区大今里4丁目16-50
◆ TEL 06-6971-1568
◆大阪市営地下鉄千日前線「今里駅」

●火袋式道標《ひぶくろしき》

火袋式道標

妙法寺から街道を東進し、千日前通り（国道308号線）に出る手前に笠石を乗せた道標が立っている。この道標は、火袋式《ひぶくろしき》といい、上部をくりぬいて火袋にした中にろうそくを灯し、夜間の通行を助けた。設置主は「江戸積の釘問屋」と道標に刻まれていることから、江戸時代、普通の旅人は夜間は旅をしなかったので、物資の夜間運搬用に供されたと考えられる。

刻文には、「左ならいせ道　右きしのだう　くはんぜをん　志ぎざん　八尾久宝寺　道　文化三年丙寅孟春　施主江戸積釘問屋世話人当村弥三七」とある。

本来、現在地の南東約20m先で北八尾街道が分岐しており、そこにあったものだという。今里界隈は、昔から主要街道の分岐点として重要な土地であったことが分かる。

◆大阪市東成区大今里4-27
◆大阪市営地下鉄千日前線「今里駅」

●旧海軍ボタン工場

火袋式道標付近から見えるレトロな建物が旧三井被服釦《きゅうみついひふくぼたん》。今里周辺には、明治中頃から大正時代にかけてボタン製造業に携わる事業者が 30 軒ほどあって、ここは東成で最も大きなボタン会社。昔は、ボタンの材料は貝であった。この加工技術を活かして碁石などの製造工場もあった。

旧海軍ボタン工場のレトロな雰囲気が洒落ている。

この木造建築物は、夜にはライトアップされており、現在営業している美容室の内部照明とあわさって、いい雰囲気を醸し出している。

◆大阪市東成区大今里 4-27-22
◆大阪市営地下鉄千日前線「今里駅」

●赤レンガ倉庫

今里地域は昭和の初め、セルロイド産業のメッカだった。セルロイドは引火しやすいので、壁面は防火造りのしっかりしたレンガで積み上げてつくり、その一方屋根はいつも吹き飛んでもいいように軽い素材でつくられた。このような完全な形で残っているレンガ倉庫は珍しく、今でも倉庫として使われており、保存が望まれる。

赤レンガ倉庫

◆大阪市東成区大今里南 3 丁目 9
◆近鉄奈良線・大阪線「今里駅」、大阪市営地下鉄千日前線「今里駅」

●芸人の町・片江顕彰板

この顕彰板中の地図には、昭和初期からこの辺りに住んだ落語家の居宅跡が示されている。実際、尋ねてみると現在の住民の了承のもと記念銘板が掲

片江芸人の町顕彰板

示されている。

昭和7年（1932）、二代目笑福亭枝鶴（落語家。後の五代目笑福亭松鶴）が東成区片江町に転居した。同じ頃、花月亭九里丸（漫談家）が片江町に、続いて横山エンタツ（漫才師）、都家文雄（漫才師）も近隣に転居し、片江町を中心に芸人の町が形成された。昭和10年（1937）に、二代目笑福亭枝鶴が上方楽語の大名跡・五代目笑福亭松鶴を襲名すると、翌年（1936）、自宅を「楽語荘」と名付けて同人を募り、『上方はなし』を発行。貴重な上方落語の資料を後世に伝えるとともに、昭和12年（1937）には大阪・京都で「上方話を聴く会」を開始するなどして、後進の若手落語家の育成、指導に尽力した。昭和初期より昭和30年代にかけて、この「楽語荘」を中心として多くの芸人が住み、六代目笑福亭松鶴、五代目桂文枝、二代目笑福亭松之助、三代目桂米朝、三代目桂米之助といった逸材が、お互いに切磋琢磨し芸を磨いた。片江が上方落語復興に果たした功績は極めて大きいといわれている。

◆大阪市東成区大今里南三丁目11番2号　東成区住在宅サービスセンター前
◆近鉄奈良線・大阪線「今里駅」、大阪市営地下鉄千日前線「今里駅」

●新道橋《しんみちばし》

欄干にベンチがついた新道橋

「欄干にベンチのある橋」として特徴的な新道橋で休憩。平野川分水路は、戦後に何度も浸水したので、護岸の大改修が行われて現在の姿となった。昭和61年（1986）完成のこの橋は、橋の欄干と椅子が一体的に整備されている日本でも珍しい橋だ。高齢者に利用していただけるようにとの思いから、ゆったりとした空間を確保するために作られたという。椅子は暖かい感触のある信楽焼でつくられている。

◆大阪市東成区神路4丁目
◆大阪市営地下鉄千日前線「新深江駅」

夢ふれあいギャラリー

欄干にベンチのある新道橋の東岸の堤防にある青空ギャラリー。以前はコンクリート打ちっぱなしで、ひどく汚れていたが、美化運動の一環として、地域の子供が直接堤防に絵を描いた。「東成区の夢。将来」のテーマのもと、平成 15、16 年度（2003、4）に完成。子どもたちの筆使いが息づく、夢のある絵が楽しめる。また江戸時代の二軒茶屋を描いた絵もある。

江戸時代の二軒茶屋

◆大阪市東成区神路 4 丁目
◆大阪市営地下鉄千日前線「新深江駅」

平野川分水路の堤防に子どもたちが描いた「夢ふれあいギャラリー」

神路《かみじ》小学校

このあたりを神路《かみじ》と言う。この地名は、神武天皇がこの辺りを通って東征した…との伝説から大正 5 年（1916）に命名された。神路小学校は現存する小学校の中では東成区一古く、明治 6 年（1873）創立。創立当時は阪東《ばんどう》小学校（「大阪の東」という意味）といい、現在の火袋式道標付近にあったのだが、大正 9 年（1920）に、コロを使って現在地に移された。

◆大阪市東成区大今里 4 丁目 6-19
◆ TEL 06-6981-2112
◆大阪市営地下鉄千日前線「新深江駅」

近鉄今里駅

東成区役所「東成ビュースポット」より

近鉄今里駅は近鉄奈良線と大阪線の電車が通る。今里駅ホームから生駒山を眺めていると、電車がいっせいに並ぶときがある。この光景は非常に珍しく壮観だ。「鉄ちゃん（電車マニア）」がよく写真を撮っているところ。

◆大阪市生野区新今里 4 丁目 1-17
◆ http://www.kintetsu.co.jp/station/station_info/station02007.html

食べ処

喫茶むらかみ

家庭にテレビが普及する以前に、テレビ喫茶として繁盛したそうだ。その当時（昭和）の雰囲気を残す名店。出入り口の硝子はすべて手づくり。昭和のレトロ感に浸りたいならここがお勧め。ほっこりすること請け合い。ヤマキ醤油のＣＭのロケ場所になったことがあるのだとか。

◆大阪市東成区大今里 2-34-19
◆ TEL 06-6971-8745
◆大阪市営地下鉄千日前線「新深江駅」

居酒屋正宗屋

昭和の雰囲気を残すＵ字形式のカウンターだけの正統派居酒屋。

一人でやっているので、少し待ち時間はあるが、その間に、おかみさんとの会話を楽しむことができる。ゆっくりと、食べて呑みたいなら、ここ！　「まぐろの造り」がお勧め。

◆大阪市東成区神路 3-14-17
◆ TEL 06-6981-5762
◆ 18：00～
◆定休日　日曜日、月曜日
◆大阪市営地下鉄千日前線「新深江駅」

07 深江稲荷 fukaeinari

—新深江駅から長堂１丁目交差点まで—（約 0.9km）

深江の段倉、浸水に備えた石垣が独特の雰囲気を醸し出している

歩き方 【街道直行ルート】新深江駅 ―(400m)→池田鉄鋼を右前方―(40m)→**案内地蔵** ―(200m)→ブランドリー布施アーケード ―(10m)→美容院前を左 ―(120m)→府道 702 号線（産業道路）を左 ―(100m)→長堂１丁目交差点
【深江稲荷ルート】池田鉄鋼前の横断歩道を渡る―(20m)→焼肉スエヒロの横を直進―(120m)→かんの歯科クリニック前を右―(20m)→最初の曲がり角を左―(60m)→**法明寺《ほうみょうじ》**―(120m)→三差路「深江南三丁目 9」の住居表示のある住宅を右―(20m)→駐車場（祠《ほこら》あり）の前の路地を右―(90m)→突き当りを左―(50m)→空地の前の路地を右―(20m)→**安堵《あんど》の辻**―(20m 戻る)→空地に突き当たり左―(150m)→**段倉《だんぐら》**―(50m)→**深江郷土資料館**―(40m)→**深江稲荷神社**―(70m)→府道 702 号線（産業道路）を左―(70m)→**高井田ラーメン・住吉**―(160m)→長堂１丁目交差点

info 片江、新深江と「江」がつく地名が続き、この付近が水際だったことを偲ばせる。また、菅《すげ》を求めて飛鳥時代に奈良の笠縫邑《かさぬいのむら》から移住してきたという史実から、当時この付近は湿地帯で菅が生息していたことがわかる。また、江戸時代、暗越奈良街道沿いで菅笠《すげがさ》を販売してことが名所図会などに掲載されている。いまでも深江地域では市民が菅笠保存会を結成してこの伝統技術を守り続け、平成 11 年（1999）大阪市から指定無形文化財第一号を受けている。大阪の地ラーメンと呼ばれている高井田系ラーメンは、太麺、濃い出汁が特徴。この辺り、深江や高井田は、ものづくり工場が集積している地域で、夜勤明けや仕事終わりの工員さんがお腹を満たすのに、太麺が好まれたのだろう。

見どころ

●案内地蔵

案内地蔵

寛政９年（1797）に設置された法明寺への道案内の道標がある、立派な瓦葺《かわらぶき》の地蔵尊。道標には、法明寺の謂れや法明上人のことが刻まれている。地元住民は案内地蔵と呼び、今でも大切にしており、特に８月の地蔵盆は盛大である。この西側で、街道は産業道路から別れ、戦前の建物が残る古い街道雰囲気の小路となっている。新旧の対比がよく分かるスポットだ。

◆大阪市東成区深江南３丁目 21-1
◆大阪市営地下鉄千日前線「新深江駅」、近鉄奈良線・大阪線「布施駅」

深江山 法明寺《ほうみょうじ》

深江山　法明寺

念仏宗中興の祖、法明上人が建立したお寺。境内には珍しい雁にまつわる雁塚《がんづか》とよばれる二基の石塔がある。一基は弘長2年（1262）、もう一基は延元4年（1339）と記されている。この石塚には次のような伝説がある。「その昔、清原刑部丞正次という弓の名手がある冬の日に家来をともなって狩りに出かけたが、その日は一羽も獲物がとれない。夕方帰りがけに一群の雁に出合ったので、先頭の一羽を射ち落とした。するとどうしたことかその雁には頭がなかった。その周辺を探しましたが見つからず、そのまま帰った。次の冬に狩りに出て一羽の雌の雁を射ち落とした。すると羽の下から乾いた雄の雁頭が出てきた」 この話を聞いた法明上人は、雁の夫婦愛に心うたれ、その冥福を祈るために四重の石塔「雁塚」を建立したという。

ここ法明寺には四季折々の季節感あふれる庭園がある。毎年11月の **東成歴史文化まつり～暗越奈良街道** では、このお寺を中心にいろいろな催事が展開され、多くの来訪者で賑わっている。

◆大阪市東成区深江南3丁目16-28

◆ TEL 06-6971-0523

◆大阪市営地下鉄千日前線「新深江駅」、近鉄奈良線・大阪線「布施駅」

安堵の辻《あんどのつじ》

安堵の辻

貞和4年（1348）、沙弥《しゃみ》 教信《きょうしん》が現れて、法明上人に向かって「あなたは永年念仏を唱えながら、人々を助けて来られた。おかげで来年6月16日（一説では13日）の朝、極楽へ安らかに旅たつことが出来るだろう」と。上人はお告げどおりにその日に亡くなった。法明上人が出逢ったところが辻だったのでこの辻を「安堵の辻」と呼ぶようになった。

◆大阪市東成区深江南3丁目7-6

◆大阪市営地下鉄千日前線「新深江駅」、近鉄奈良線・大阪線「布施駅」

●段倉《だんぐら》

明治の淀川の氾濫で深江地域の古文書などが流された。そのため石を積み上げて貴重な書類を蔵に収容し、その他の物品などは低い蔵に収容した。その名残が段倉として残っている。（冒頭の写真参照）

●人間国宝 角谷一圭《かくたにいっけい》記念　深江郷土資料館

地元の篤志家の寄贈で平成22年（2010）7月に開館した資料館。深江の菅笠《すげがさ》の歴史や道具、各種作品などが展示されている。注目すべきは展示されている平成元年（1989）の今上天皇《きんじょうてんのう》の大嘗祭《だいじょうさい》（即位式）のお写真に、直径2mの「深江菅笠」が写っていることである。ここでは献上されたこの巨大な菅笠のレプリカも展示されている。

深江郷土資料館

平成11年（1999）に他界した人間国宝　角谷一圭の各種作品や道具はもちろん、茶釜師角谷家の系図や各師匠の作品もあり比較できる。また摂津国深江村大絵図（宝暦年間作成、地元個人蔵）の複写もあり、街道に菅笠店が並んでいたことがわかる。

深江郷土資料館内　手前が「深江菅笠」

貴重な資料が掲載されたカラー版8ページの資料が無料でもらえる。夏場は、資料館の前にミストがあり涼しい。

◆大阪市東成区深江南3丁目16番14号

◆ TEL 06-6977-5555

◆開館時間　9:30 ～ 12:00、14:00 ～ 16:30 (入館は 16:00 まで)

◆入場料　無料

◆休館日　平日（月曜日～金曜日　祝日を除く）年末年始

◆大阪市営地下鉄千日前線「新深江駅」、近鉄奈良線・大阪線「布施駅」

深江稲荷神社

深江稲荷神社

鋳物《いもの》の神を祭る神社。深江、高井田地域には、今でこそ少なくなったが、かつては鋳物の工場が沢山の工場があった。茶釜の人間国宝 角谷一圭《かくたにいっけい》もこの地域に居住していた。今でも長男征一、次男勇圭が跡を継ぎ、伊勢神宮の式年遷宮には銅鏡を奉納している。

神社入口には「深江菅笠《すげがさ》ゆかりの地」と「摂津笠縫邑跡《せっつかさぬいのむら》」の石碑があり、飛鳥時代に奈良の笠縫邑《かさぬいのむら》から菅《すげ》を求めて人々がこの地に移住してきたこと示している。地域では菅細工保存会を組織して技術を伝える努力をしている。保存会は伊勢神宮の式年遷宮の際にはこの菅笠を奉納する。

◆大阪市東成区深江南 3-16-17

◆ TEL 06-6971-4223

◆ http://www.fukaeinarijinja.jp/

◆大阪市営地下鉄千日前線「新深江駅」、
近鉄奈良線・大阪線「布施駅」

「深江菅笠ゆかりの地」と
「摂津笠縫邑跡」の石碑

大阪市営地下鉄　新深江駅構内には「深江菅笠」を描いた壁画がある。ことに東改札口にある、伊勢まいりの大きなレリーフは見ものだ。これを観るためだけでも新深江駅に立ちよることを勧めたい。ちなみに、改札を出なくても見ることができる。

●深江歴史文化まつり

毎年、11 月に開催される **東成歴史文化まつり～暗越奈良街道** にあわせて、深江歴史文化の会が主催するまつり。深江地域の神社、仏閣、文化施設等で展示物やイベントを見学して回りながらスタンプを集める、まちあるきスタンプラリーが催されている。昨年から灯篭を地域で製作。子どもたちに絵を描いてもらい、夕方から各街頭で点灯して、かつての街道筋の再現をめざしている。問い合わせは、深江郷土資料館へ

●深江・高井田の工場街

大阪東部地域の有数な工場集積地。深江・高井田地域はかつて鋳物の工場が多いところだった。今ではその鋳物の技術を活かして、銅鏡や茶釜などの工芸品や特殊な製品を開発している企業もある。ほかにも、人工衛星の開発で有名になった企業や、セルロイドの技術を活かしてスキーのゴーグルなど新たな分野で躍進する企業も多い。会社の商品ＰＲとして「ホワイトハウス」を建設した企業も有名。

ミカミ工業株式会社ショールーム「ホワイトハウス」

◆東大阪市高井田西 5-1-22　(巻頭 MAP p.17 参照)

◆ http://www.mikami-ind.com/index.html

◆大阪市営地下鉄中央線「深江橋駅」

食べ処

●高井田ラーメン 住吉

「高井田系ラーメン」は大阪では珍しいご当地ラーメン。特徴はストレートでシンプルな濃口醤油ベースのスープと硬めの太麺で、うどん並みの太さを誇るお店もある。東成界隈には「ご当地焼そば」として「今里焼そば」があるが、こちらも太麺で、このあたりは太麺文化が根付いている地域といえよう。

有名店の一つ、中華そば住吉

08 布施 fuse

—東大阪市第一の繁華街に寄り道してお食事でも—

足代笠のモニュメント　布施駅前

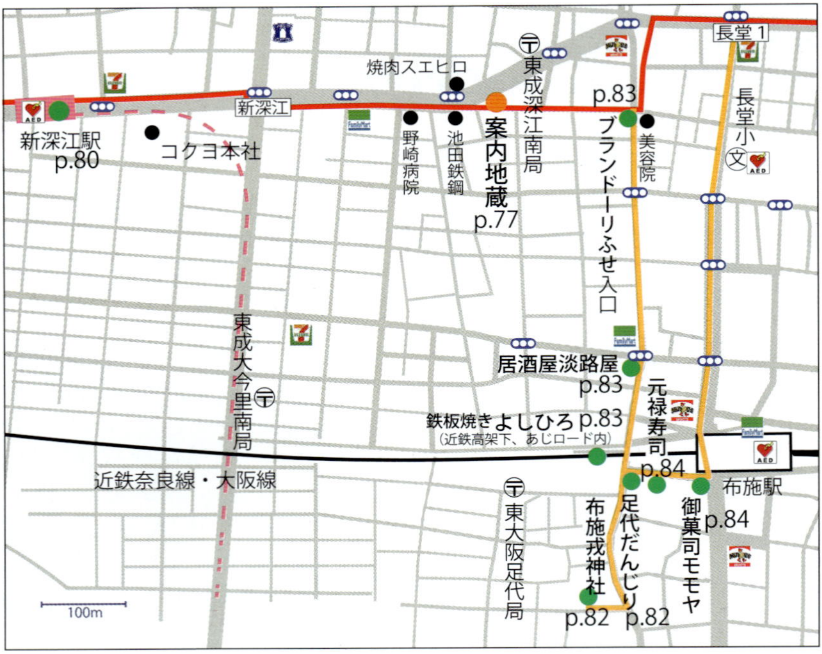

歩き方　【布施寄り道ルート】案内地蔵 ─(200m)→ブランドリーふせアーケード を右 ─(300m)→居酒屋淡路屋 ─(130m)→あじロード：**鉄板焼きよしひろ** ─(20m)→足代だんじり ─(350m)→布施戎神社入口 ─(50m)→**布施戎神社** ─(400m)→あじロードに戻り右 ─(20m)→**元禄寿司** ─(60m)→**御菓司モモヤ** ─(30m)→ 布施駅ガード ─(330m)→長堂小学校 ─(220m)→長堂１丁目交差点

info　案内地蔵から東に向かうと放出《はなてん》街道と交差する。この街道は古代、剣畷《つるぎなわて》と呼ばれ、摂津《せっつ》の国と河内《かわち》の国を分ける堤防の上の道であった。今では放出街道はアーケードで覆われ商店街「ブランドーリふせ」となっている。古代、深江から足代《あじろ》にかけては湿地帯で、特産の菅による笠作りが盛んであった。すでに見てきた「深江菅笠」に対して、布施周辺でつくられていた菅笠を「足代《あじろ》笠」という。布施駅前には“あじろ笠”人物像のモニュメントが建てられ伊勢音頭にも唄われた菅笠の歴史と文化を伝えている。戦前は布施町の放出《はなてん》街道と暗越奈良街道と交差する所に「地車《だんじり》」で有名な深江新家があり、商業の街として栄えた。また、布施駅前の地下には宮ノ下遺跡が眠っており縄文、弥生時代の貝塚《かいづか》や石斧《いしおの》が発見されている。

見どころ

●ブランドーリふせ

布施の商店街である「ブランドーリふせ」は近鉄布施駅西側から北へ伸び、産業道路（府道 702 号線）に至る総延長約 600m の商店街である。一番街から四番街まであり、それぞれ別の商店街振興組合がある。

ところで、産業道路を挟んで向かい側には「深江商店街」が東西に延びている。さらに西には「神路《かみじ》新道商店街」「今里新道《しんみち》商店街」と接続し、今里ロータリーまで続き、総延長はなんと約３㎞、日本一の商店街ということになる。東成区の３商店街はこれまでも「100 円商店街」など「シャッター商店街」を克服するイベントを行ってきたが、それを拡大して 2011 年７月、今里〜布施までの各商店街が協力して、日本最長の商店街をめざすスタンプラリーを実施した。その結果、多くの参加者があり、今後とも日本最長の商店街の実現をめざす夢のある楽しい事業を実施する予定だ。

◆近鉄奈良線・大阪線「布施駅」

布施戎《ふせえびす》神社

旧足代《あじろ》村にもともとあったのは都留彌《つるみ》神社であったが、大正３年（1914）に統合され旧荒川村に移転した。その跡地に昭和 29 年（1954）西宮神社からご神体を分祀し布施戎神社ができた。現在では「布施の戎さん」として、親しまれている。境内にはモダンな「戎さん」の銅像があり、布施駅構内にもユーモラスな「戎さん」の人形が立っている。

布施戎神社の「恵比須さん」

布施駅の「恵比須さん」

◆東大阪市足代 1 -15-21
◆ TEL 06-6728-8234
◆近鉄奈良線・大阪線「布施駅」

足代《あじろ》だんじり

布施駅南側の足代地区は、布施駅周辺で唯一の「だんじり」を保有している。昭和 30 年代までは、布施駅周辺の各地区には「だんじり」が存在したが、管理組織の人手不足や曳き手の子供の減少等いろいろな制約のため、次々と姿を消した。そんな社会的な試練の中、布施駅周辺で唯一の「足代だんじり」は今も現役で活動しいる。現在のものは 2001 年に新調されたもの。ガラス張りの倉庫に入っているのでいつでも「だんじり」を見ることができる。

足代だんじり

◆東大阪市足代 1 -12-1
◆近鉄奈良線・大阪線「布施駅」

食べ処

●河内ぶな　居酒屋 淡路屋

河内ぶなの洗い

沼や河川の多い河内平野では、かつては鮒《ふな》、鯉《こい》、鯰《なまず》、もろこ等多くの淡水魚が人々の食膳に上がっていた。なかでも河内鮒は肉厚で美味なのが特長。現在では瓢箪山《ひょうたんやま》などで、井戸から汲みあげた真水による養殖が行われ、特産品になっている。もともとは、明治時代に巨椋《おぐら》池や淀川でとれた親鮒を改良したもので、中河内の山裾の養魚池で生産されてきた。他の鮒に比べて、背びれと腹辺りが広がり、肉厚になっている。この珍味といえる河内鮒を食べたければ、布施ブランドーリ商店街を少し南に歩いたところにある居酒屋「淡路屋」に行くことをお勧めする。ここでは新鮮な生け簀の河内鮒の洗いを提供している。酢味噌で食べると淡白な味わいに思わず舌鼓を打つ。淡水魚のもつ臭みはないので一度味わっていただきたい。

◆東大阪市足代新町 4-17（ブランドーリふせ 1 番街）
◆ TEL 06-6781-3274
◆ http://www.geocities.jp/heraheraturi/newpage36.html
◆近鉄奈良線・大阪線「布施駅」

●お好み焼き・鉄板焼きの「よしひろ」

あじロードの「よしひろ」

大阪郊外の代表的な街、布施で生まれ、育って大阪のお好み焼きの味を守る創業昭和 23 年の三代続く老舗。伝統の味に外国の味も加え、たくさんの新メニューがあるのも人気の秘密。店も広くテーブル 11 席、座敷 2 席。店内では庶民のまち・布施も丸ごと味わえます。

◆東大阪市足代新町 1-45
◆ TEL 06-6789-7149
◆定休日　なし
◆営業時間　11:00 ～ 23:00（ラストオーダー 22:45）
◆ http://www.yoshi-hiro.jp/

元禄寿司本店（回転寿司発祥の地）

「元禄寿司」本店店頭

20世紀に誕生し、日本の食文化の一つに挙げられるようになった「回転寿司」は、今や世界へと広がっている。そのルーツは昭和33年（1958）にここ布施にオープンした元禄産業(株)の「廻る元禄寿司1号店」。創設者である故白石義明(元会長)がビール工場の製造に使われているベルトコンベアーにヒントを得て開発したのが「旋回式食事台」。これにより、高級品の代名詞であった「寿司」が手軽な大衆食になった。この開発に当たっては東大阪の町工場の経営者達のアドバイスが大きく寄与したという。

元禄寿司本店は近鉄布施駅南の本町商店街の入口すぐ横にある。中へ入るとカウンター席だけでテーブル席はないが、これもこの店の特徴だろう。寿司の値段も120円均一で勘定がわかりやすく、100円寿司の伝統を今も残している。このようなポリシーも回転寿司発祥の店の誇りではないかと思われる。

◆東大阪市足代1-12-1
◆ TEL 06-6736-0911　FAX 06-6727-8246
◆営業時間　10:30 ～ 22:45
◆ http://www.mawaru-genrokuzusi.co.jp/tenpo/honten/honten.htm
◆近鉄奈良線・大阪線「布施駅」

御菓司モモヤ

モモヤの“あじろの里”

布施駅の南にある老舗の御菓司モモヤでは、この地域の歴史にちなんだ足代笠の形を模した名物菓子“あじろの里”という どら焼き を売り出している。

◆東大阪市足代1-12-11
◆ TEL 06-6721-2564
◆営業時間　9:30 ～ 19:30
◆定休日　毎週木曜
◆ http://www.momoya-osaka.co.jp/

コラム　暗越奈良街道とオールコック

古くは唐から我が国へ何回も難破し、盲目になりながらついに渡海した鑑真和尚も、この暗越奈良街道を通って大和へ入った。江戸時代には松尾芭蕉がこの街道を往来し、有名な俳句をのこしている。もちろん名も知れぬ庶民から農民、商人、大名などおびただしい数の人々が古代から現代までこの街道を踏み固めたのである。

ラザフォード・オールコック

イギリスの初代駐日総領事ラザフォード・オールコック（1809－1897）は、長崎から江戸へと赴く途中、安政６年（1859）暗越奈良街道を通った。彼は優れた外交官であったが、優れたスケッチも沢山残している。携帯用のカメラがなかった当時、赴任先の風景、風俗をスケッチで記録するのが目的であった。

オールコックは『大君の都』という幕末日本滞在記を残しており、その中に街道についての記述がある。それによれば、幕末当時、街道の両側はほとんどは田畑だったこと、そこで作られていた作物はイネ、ムギ、綿だったと述べている。綿とは当時全国的に有名だった河内木綿のことだろう。

彼の見た風景は、現在とは全く異なったものであった。広い田園風景の中で生駒山が今よりもずっと大きく見えたに違いない。古代には中国や朝鮮の使節が、幕末には欧米の使節が、そのような牧歌的な風景の中に一本延びた暗越奈良街道を歩く姿を想像するのも楽しい。温故知新を胸に抱き、街道を歩いてみるのもいいものである。

参考文献：Sir Rutherford Alcock ”The capital of the tycoon: a narrative of a three years' residence in Japan”　大君の都 上―幕末日本滞在記（岩波文庫）

09 西岸地蔵 seiganjizo

―長堂１丁目交差点から小阪北口交差点まで―（約 1.9km）

長瀬川の少し手前、小さいが手入れの行き届いた西岸地蔵の祠がある

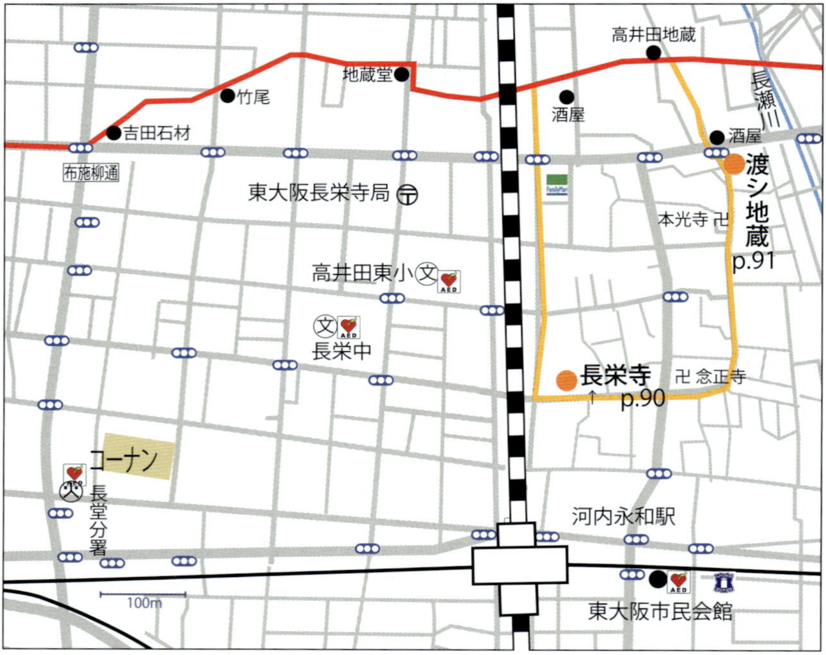

歩き方 【街道直行ルート】長堂１丁目交差点 ─(280m)→布施柳通交差点、吉田石材の左斜め前方の道に入る ─(道なりに 780m)→地蔵堂を右 ─(30m)→最初の十字路を左 ─(110m)→ JR の高架をくぐる ─(280m)→**西岸地蔵《せいがんじぞう》** ─(40m)→**新喜多《しぎた》橋の道標** ─(340m)→小阪北口交差点

【長栄寺ルート】JR の高架をくぐり最初の十字路を右 ─(400m)→**長栄寺《ちょうえいじ》**の壁に沿って左 ─(80m)→**長栄寺《ちょうえいじ》**入口を直進 ─(400m)→整骨院のある交差点を直進 ─(道なりに左に曲がりながら 400m)→**渡シ地蔵** ─(20m)→産業道路交差点を直進（酒屋の横の路）─(120m)→高井田地蔵を右＝街道に戻る

【新喜多橋親柱ルート】新喜多橋を渡り街道より一本左側の道 ─(30m)→コーヨーのビルのある交差点を左 ─(400m)→**新喜多親柱《しぎたおやばしら》**（新喜多中学の北東端）

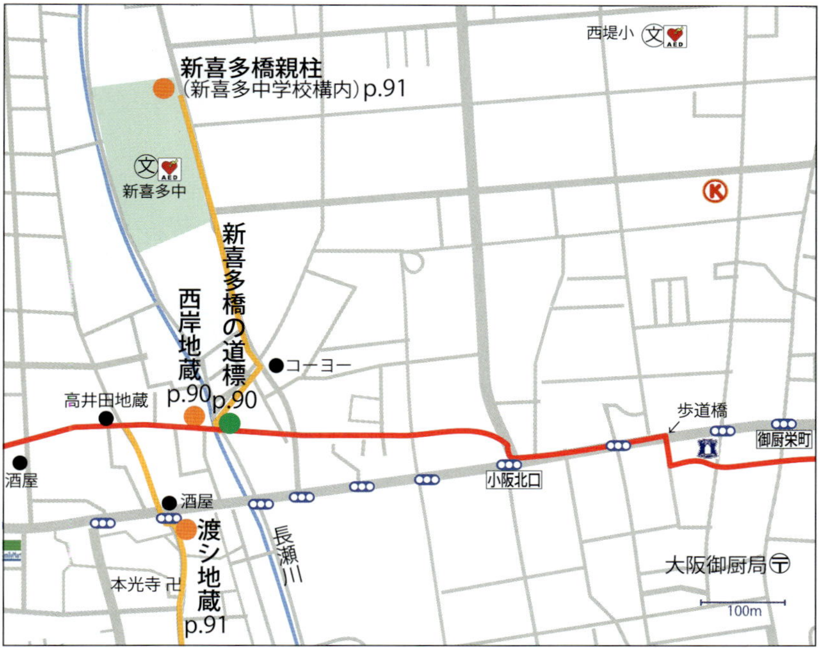

info 西岸地蔵は文字通り旧大和川（現在の長瀬川）の西岸に建っていた地蔵である。旧大和川は宝永元年（1704）歴史に残る巨大土木事業により柏原の築留から堺方面に付替えられた。これにより河内の水害は著しく減り、旧川床は埋められ新田が開発された。ここ長瀬川流域は付替え後 300 年以上過ぎても当時偲ばせる史跡と風土が残っていて興味深い。

見どころ

西岸地蔵《せいがんじぞう》（冒頭の写真参照）

西岸地蔵は文字通り旧大和川の西岸跡に建っている地蔵。当時、この辺りの川幅は 270m で、街道を進むには舟で渡河する必要があった。街道沿いには幾多の地蔵が残っていて当時の街道の往来で賑わいと旅人の旅の安全祈願の思いが伝わってくる。川跡もまた歴史をたどる史蹟だといえよう。

◆東大阪市新喜多 1 丁目 3-20
◆近鉄奈良線「河内永和駅」、JR おおさか東線「JR 河内永和駅」

新喜多《しぎた》橋の道標

新喜多橋の道標

長瀬川にかかる新喜多橋を渡ると民家の塀の前に小さな道標が立っている。『大阪高麗橋元標二里廿《20》丁大阪府』『放出停車場《はなてんていしゃば》三十丁』『枚岡《ひらおか》一里三十三丁』とある。「放出停車場」とあることから、浪速《なにわ》鉄道（現在の JR 学研都市線）がこれをつくった明治 28 年（1895）以降に作られた道標であることがわかる。

ところで新喜多《しぎた》の地名は、大和川付け替え後の新田開発者、鴻池新十郎、鴻池喜七、今木屋多兵衛の名前をとって新喜多新田と呼ばれたことに由来している。新喜多新田はこの辺りから京橋にかけて伸びる長大な新田であった。

◆東大阪市新喜多 2 丁目 2 -26
◆近鉄奈良線「河内永和駅」、JR おおさか東線「JR 河内永和駅」

長栄寺《ちょうえいじ》と慈雲《じうん》

長栄寺

長栄寺《ちょうえいじ》は長らく荒廃してたが、江戸時代の安永年間（1772 ～ 81）に慈雲《じうん》が再興し、中興の祖と呼ばれる。慈雲は、生涯を仏教の復興と梵学研究に努めた人物。享保 3 年（1718）大阪中ノ島の高松藩の蔵屋敷に生まれ、出家後 27 才のときに

長栄寺山門

長栄寺に住んで復興に努めた。宝暦8年（1758）生駒山麓額田谷《ぬかただに》にある不動寺の跡を譲り受け、谷の奥にある長尾の滝のほとりに双龍庵禅那台《そうりゅうあんぜんなだい》を結び京都へ移るまでの15年間居住修業した。長栄寺本堂の北側には、後世に移された禅那台が残され、昭和45年（1970）に大阪府の文化財に指定された。

◆東大阪市高井田元町1-11-1
◆ http://www.choeiji.com/
◆近鉄奈良線「河内永和駅」、JR おおさか東線「JR 河内永和駅」

渡シ地蔵

渡シ地蔵

渡シ地蔵は名称からわかるように渡し舟の運行に関係する地蔵石仏で江戸時代初期の作と思われる。旧大和川の西岸の渡し場に建てられ舟の安全を願い旅の安全を祈ったのだろう。当時の川幅は270 m程あったので堤跡が今も残る。

◆東大阪市高井田元町2-29-9
◆近鉄奈良線「河内永和駅」、JR おおさか東線「JR 河内永和駅」

新喜多橋親柱《しぎたばしおやばしら》、与謝蕪村句碑《よさぶそんくひ》

蕪村碑親柱

長瀬川をまた切る暗越奈良街道に架かっていた江戸時代からの新喜多橋の親柱2本と近くの旧家の庭から移された「蕪村句碑」が建っている。碑石には俳人蕪村（1716～1783）がこの辺りまで来て詠んだ「日は日くれよ夜は夜明けよと啼くかわす」と蛙の鳴き声を聞いて詠んだという句が刻まれている。（新喜多中学敷地内）

◆東大阪市新喜多2丁目5-32（新喜多中学校内）
◆大阪市営地下鉄中央線「高井田中央駅」

コラム 大和川付替えと綿作

河内木綿

●「新田」の由来

東大阪には、「新田」という名前のついた地名が多い。これは宝永元年（1704）に大和川が付替えられた後に残った川床部分を「新田」として開発したことに由来する。中でも有名なのは「鴻池新田《こうのいけしんでん》」であるが、暗越奈良街道沿いにも多くの「新田」のつく地名が存在する。「菱屋西新田」（長瀬川）、「菱屋中新田」（楠根川）、「菱屋東新田」（菱江川）は、「菱屋」が開発し、後に三井家所有となった。「新喜多新田《しぎたしんでん》」（長瀬川）は鴻池新十郎、鴻池喜七、今木屋多兵衛が開発し、後に「今木屋（早瀬家）」の所有となった。「川中新田」（吉田川）を開発したのは川中河内屋五郎平で、後に所有者は河内屋五郎平と中九兵衛となった。なお新田には会所が基本的に作られ支配事務などをおこなった。街道沿いには御厨《みくりや》に「新田会所《かいしょ》跡」があり祠《ほこら》が残っている。

●綿作の行われた理由

これら新田では主に、綿作が行われた。一説では、大和川付替による農業用水不足の結果、新田では雨水や井戸水しか水利を利用できなかった。そこで水をあまり必要とせず、新田の砂地という土質に適した作物、つまり綿が栽培されたというのだ。しかし、多くの新田は商人の経営であり、より収益性の高い綿作が採用された、というところが実情だったのではないだろうか。

新田の耕作は「出作《でつくり》」といって、周辺の村の農民が出張してこれにあたった。綿作には「金肥《かねごえ》」（農民が購入する肥料）である「干鰯《ほしか》」（イワシを乾燥させて作った肥料）などが多量に使われた。綿は土の養分を多く取るので、これら金肥を使わざるをえなかったのだ。新田を経営する商人は、この肥料代も農民に貸し付けていた。こうして、商人は富み、農民は搾取されていた。百姓の男は畑で働き、女は綿の加工で手間賃を稼がざるをえなかった。また彼らは菜種から灯明の油を絞り、その油粕を肥料として使い、さらには茎を燃料として用いた。まさに爪に火を灯すような生活であった。

●綿作の衰退

明治になって機械紡績が始まると、これに不向きな河内木綿は衰退し、明治 21 年（1888）の輸入綿の関税廃止によって産業としての木綿づくりは消滅する。ただ自家用としてのみ細々と栽培された。河内では、綿の代わりにブドウやミカンなどの果樹、菊・ナシ・イモ・野菜類などが栽培されるようになった。一方、河内木綿の衰退にとって代わったのが輸入綿をつかった泉州の紡績業であった。しかし河内でも新しい産業が興る。大正 3 年（1914）大軌の開通以後、東大阪に電気が配電され、それを使い農家の納屋などで工業が始まった。これが現在の東大阪の「ものづくり」の原点となる。

●河内木綿コットン・クラブ

かつて、河内木綿は全国一のブランドであった。宝永元年（1704）の大和川付替えから 300 年経った頃から、地元で河内木綿の再興を目指す運動が起こった。東大阪の市民有志が、河内平野の風土と歴史が育んだ河内木綿を復興するため、平成 18 年（2006）に「河内木綿コットン・クラブ」を結成したのだ。この事業は、大和川付替えに尽力した今米村庄屋の中甚兵衛の遺徳を偲ぶものでもある。東大阪市のまちづくり活動助成金を受け、糸紡ぎ車、綿繰り機の購入をし、技術を学び、普及活動に努めている。平成 19 年（2007）には大阪府のアドプトロード制度の認定を受け、河内木綿を中央環状道路「中環の森」で大々的に栽培し、秋には綿花 10kg余りを収穫した。河内木綿の伝統的な模様を再現し藍染など技術を活かして様々な製品を生み出しており、多くの人々から注目されるようになった。

河内木綿コットン・クラブ

◆代表　大原信枝　　副代表　中井由栄　　会員数 30 名

◆ 072-984-9006（中井）

◆ http://www.d3.dion.ne.jp/~mikio566

◆「中環の森」清掃活動　毎月第 1 日曜日
楠根東小学校　4 年生に「河内木綿学習授業」など実施
糸紡ぎ・綿織りと機織り教室の開催

“河内木綿コットン・クラブ”提供

10 御厨 mikuriya

—小阪北口交差点から意岐部西交差点まで（1.6㎞）

御厨、旧植田本陣の重厚な門構

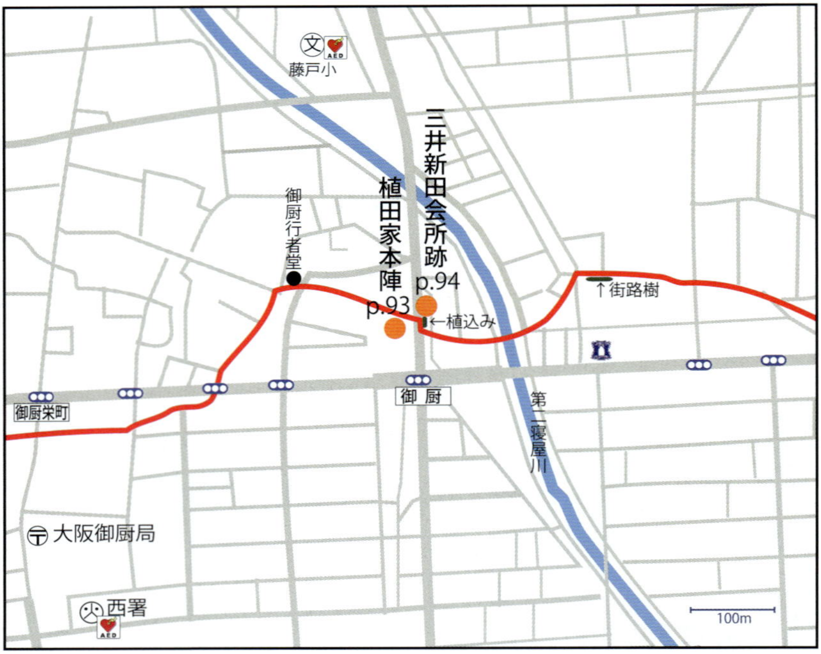

歩き方 【街道ルート】小阪北口交差点 ─(200m)→歩道橋を左 ─(30m)→最初の三差路を右 ─(道なりに 500m)→産業道路を渡り直進 ─(160m)→御厨会館前を右 ─(200m)→**植田家本陣** ─(10m)→横断歩道を渡る ─(20m)→**三井新田会所跡**（植込みの奥 30m）─(100m)→第二寝屋川を渡る ─(100m)→渡り切ったら右側の道を直進 ─(100m)→植込みのある民家を右（街路樹のある広い道）─(70m)→タキゲン（赤い看板）の左側の道を直進 ─(60m)→意岐部小学校前交差点 ─(40m)→意岐部西交差点

【周辺の見どころ】**田辺聖子文学館、司馬遼太郎記念館、大阪商業大学谷岡記念館（商業史博物館）**へは近鉄奈良線河内小阪駅、**おまけや 豆玩舎 ZUNZO** へは同じく八戸ノ里駅、**帝國キネマ長瀬撮影所跡**へは近鉄大阪線長瀬駅下車が便利。また、名物　別品餅を求めるなら JR 学研都市線徳庵駅へ。

info 御厨《みくりや》という地名は、古代から、近隣の湖や川で採れる魚貝類などを朝廷に献上してきたことに由来している。街道沿いには道標に地蔵を彫った“辻の地蔵さん”があったり、この辺りが要衝であったことを示す八尾警察御厨分署跡などがある。また、大坂城代大和郡山藩主の柳沢家の休憩所であった植田本陣など、重要な歴史スポットがある。また周辺には、田辺聖子文学館、司馬遼太郎記念館、豆玩舎ＺＵＮＺＯなど記念館がある。特に司馬遼太郎記念館に行く途中、歴史ある小阪集落を散策すれば江戸時代の雰囲気が味わえる。ここはまた、司馬遼太郎がよく散歩していたところで、曲がり角から文豪がふと現れそうな気にさせられる。

見どころ

●植田家本陣

旧植田本陣

御厨の植田家は、大和郡山藩柳沢家や片桐家が休息する本陣だった。重厚な家屋（主屋は東大阪市指定文化財）が歴史を今に伝えている。また、植田家が所有する「山田湯《とう》」の看板は、この家で漢方薬を製造していたことを示している。

◆東大阪市御厨 4-4-21
◆近鉄奈良線「八戸ノ里駅」

●三井新田会所跡と玉岡神社

玉岡神社

植田家のすぐ東に三井新田会所跡がある。小さな祠《ほこら》は玉岡神社といい会所により管理されていた。新家村の商人・菱屋庄左衛門が新田開発を請け負ったので、ここの地名は「菱屋中」となっている。大和川付替え工事後に開発されたこれらの新田は、享保 17 年（1732）江戸の三井家の所有となった。三井新田会所はこの新田を管理する事務所であった。

◆東大阪市御厨 5 丁目 2-10
◆大阪市営地下鉄中央線・近鉄けいはんな線「長田駅」、近鉄奈良線「八戸ノ里駅」

●大阪商業大学谷岡記念館（商業史博物館）

谷岡記念館

昭和 10 年（1935）に大学本館として建造された時計台のある 5 階建ての建物。表玄関は、大理石造りで、平成 12 年（2000）に国の登録文化財となる。現在は、商業史博物館として使用されており、近世大坂の商業に関する古文書、貨幣、両替商の道具類、河内の農具、木綿資料等を展示している。なお一般にも公開されている。(右 MAP 及び P59MAP 参照)

◆東大阪市御厨栄町 4-1-10（大阪商業大学商業史博物館内）
◆ TEL 06-6785-6139
◆休館日　日曜・祝日、大学の休業日など
◆入館料・駐車料　無料
◆午前 10 時～午後 4 時 30 分
◆ http://ouc.daishodai.ac.jp/campusmap/kinenkan.html
◆近鉄奈良線「河内小阪駅」

●田辺聖子文学館

田辺聖子文学記念館

田辺聖子は、昭和22年(1947)、樟蔭女子専門学校（現女子大学）国文科を卒業した。田辺聖子文学館は、その文学的偉業を称えるために開館した。彼女の著作、樟蔭女専時代の原稿や思い出の品々などを展示し、彼女の現書斎を再現している。ここは、田辺聖子の世界に浸ることのできる施設だ。(下 MAP 参照)

◆東大阪市菱屋西 4 丁目 2 番 26 号（大阪樟蔭女子大学 小阪キャンパス 図書館内）
◆ TEL 06-6723-8182（大阪樟蔭女子大学　図書館）
◆開館時間　平日 9:00 ～ 17:00、土曜 9:00 ～ 16:00
◆休館日　日曜・祝日、大学の休業日
◆入場料　無料
◆ http://bungakukan.osaka-shoin.ac.jp/
◆近鉄奈良線「河内小阪駅」

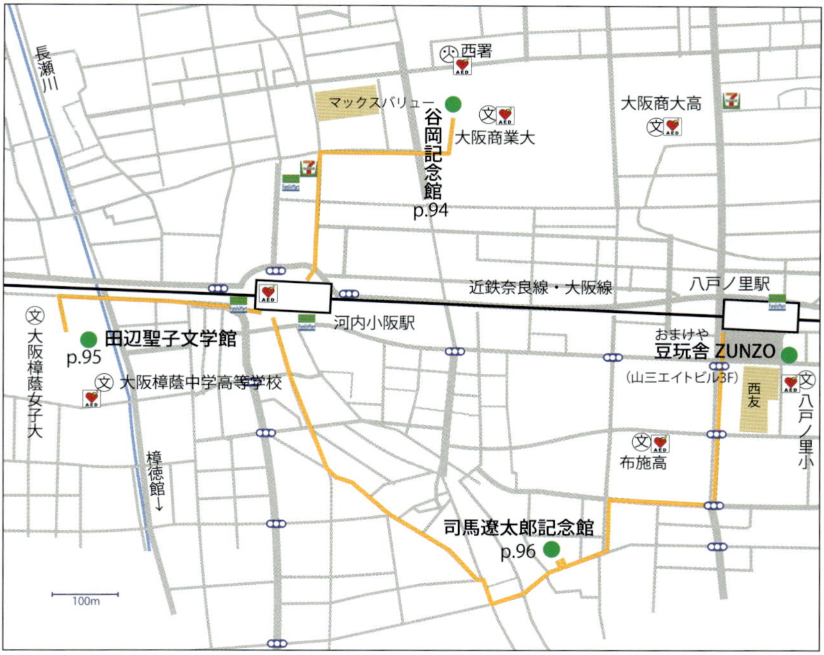

●司馬遼太郎記念館

司馬遼太郎記念館

　司馬遼太郎記念館は、司馬遼太郎の遺志を永く後世に伝えるために司馬遼太郎記念財団により設立、運営されている。庭は、司馬が好きであった雑木林のイメージでつくられており、彼が使っていた書斎を庭から見学しながら安藤忠雄設計の記念館へと向かう。展示室には直筆原稿や色紙などがあり、大書架には２万余冊もの蔵書が展示され、観る者を圧倒する。ホールでは講演会や演奏会など催され、新しい文化交流のセンターとなっている。なお周囲には司馬が散策した旧村があり、訪ねたい。（右頁 MAP 参照）

◆東大阪市下小阪 3-11-18
◆ TEL 06-6726-3860
◆開館時間　10:00 ～ 17:00（入館受付は 16:30 まで）
◆休館日 月曜日（祝日、振替休日の場合はその翌日）、年末年始、特別資料整理期間
◆入館料　大人・大学生 500 円、高・中学生 300 円、小学生 200 円
◆近鉄奈良線「河内小阪駅」
◆ http://www.shibazaidan.or.jp/
◆近鉄奈良線「河内小阪駅」

●豆玩舎《おまけや》 ZUNZO

豆玩舎 ZUNZO

　宮本順三（1915 － 2004）は昭和 10 年（1935）、20 歳でグリコ株式会社に入社。念願の“おもちゃ係”となり、子どもを審査員に選び、世界の玩具を参考に約 3000 種のおもちゃをデザイン。小さな玩具を見ると、戦前、戦後、高度経済成長期という世の中の移り変わりがよく分かる。また、画家として「世界の祭と踊り」を描き、多くの作品を遺した。(右頁 MAP 参照)

◆東大阪市下小坂 5-1-21　山三エイトビル 3F
◆ TEL 06-6725-2545
◆開館時間　10:00 ～ 17:00（入館は 16:30 まで）※予約制
◆休館日　月・金曜日
◆ http://www.omakeya-zunzo.com/
◆近鉄奈良線「八戸ノ里駅」

●帝國キネマ長瀬撮影所跡と樟徳館

大阪樟蔭女子大学から長瀬川に沿って１㎞ちょっと歩くと樟徳館《しょうとく》がある。広大な敷地に立派な板塀が張巡らされており、庭木がその上から鬱蒼とせり出している。その立派な正門の前には「帝國キネマ長瀬撮影所跡」という記念銘板がある。

帝国キネマ長瀬撮影所跡

長瀬撮影所とは戦前に大阪にあった「帝国キネマ」という映画会社の巨大な撮影所のことで、手狭になった帝国キネマ小阪撮影所に代えて昭和３年（1928）開所された。近鉄長瀬駅近く、長瀬川河畔に敷地面積　約30,000㎡、そして3,000㎡の屋内ステージ２棟を備え、当時「東洋のハリウッド」とよばれた。ここでは人気俳優の市川百々助主演の映画など、多くのヒット作品が生み出された。しかし、この巨大な撮影所は、昭和５年（1930）９月30日深夜に火災のため焼失してしまう。その後、帝國キネマは名前を変え、京都太秦に移った。たった２年の、まさに「夢のハリウッド」であったのだ。

市川百々助
（河内の郷土文化サークルセンター　記念葉書より）

その跡地に、大阪樟蔭女子大学の経営母体である樟蔭学園の創設者である森平蔵の邸宅として昭和７年（1932）に建てられたのが、現在ある樟徳館。森は材木の海運で、一代で巨万の富を得たこともあり、この木造建築の主要な原木は三陸、木曽、吉野、日向といった著名な産地から取り寄せられた。特に内装の意匠は和洋折衷であり、大正モダン文化の影響が見られる。昭和35 年（1960）に森平蔵の遺志により、樟蔭学園に寄付された。現在定期的には公開されていない。平成 12 年（2000）に登録有形文化財に登録された。

◆東大阪市菱屋西 2-4-12
◆近鉄大阪線「長瀬駅」

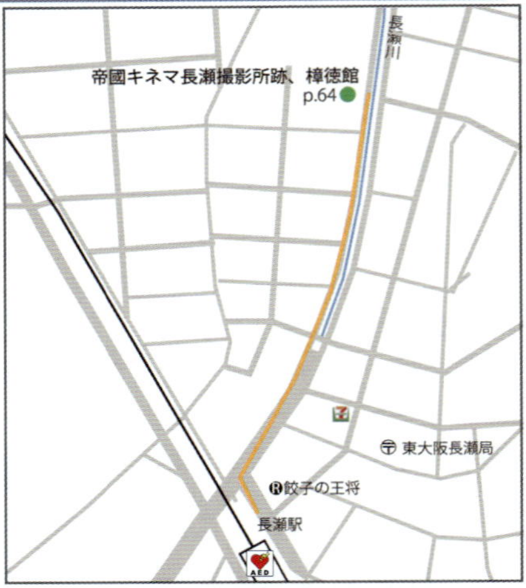

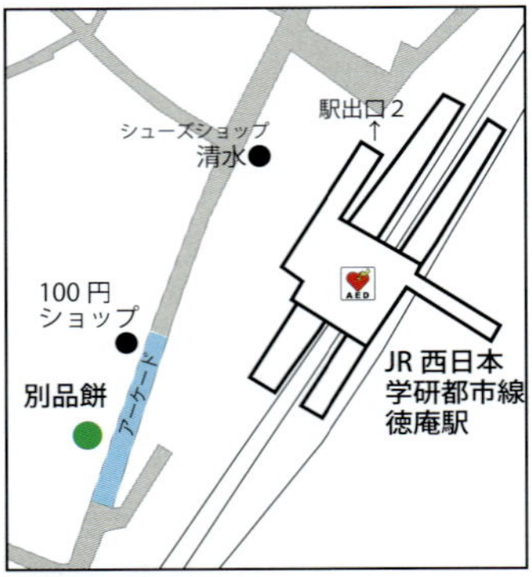

食べ処

●別品餅《べっぴんもち》

名物 " 別品餅 "

少し足を延ばして JR 学研都市線の徳庵《とくあん》に行ってみよう。串に刺した 4 つの餅に、煎《い》ったきな粉をまぶし、さらに石臼で磨り潰した大豆から作った白餡《あん》を絡《から》めている。他にはない手づくりの素朴な甘さ、味わいがある。暗越奈良街道と同様、この辺りは江戸時代より、古堤街道や野崎参り、寝屋川の舟便など、交通の要衝として賑わってきた。もともと農家のおやつであったこの餅が、いつしか旅人に親しまれるようになり、当地の名物となった。当初は行商であったが、明治時代からは徳庵駅前に店舗を構え、現在は 4 代目にあたる。名前の由来は、特別な物～別の品～別品を、別嬪サンと引っ掛けて別品餅となったらしい。昼までに買い求めるか、予約しないと売り切れの場合もある。

◆大阪市鶴見区今津中 5-4-17（上左 MAP 参照）
◆ TEL 06-6967-1971
◆営業時間：8 時～ 18 時 ※但し売切次第閉店 (水曜日はお休み)
◆ JR 西日本　学研都市線「徳庵駅」

コラム

舟板塀

●廃舟の有効利用

近くの旧村を歩いて、古い民家の土蔵の板塀として使用されている舟板塀の美しさに眼が止まる。河内は大和川付替えした宝永元年（1704）以前は旧大和川と淀川が大阪城付近で合流し、河内はこれら両川で挟まれ文字とおり、川の内にあった。川には多くの舟が往来していた。舟の廃材は捨てるにはもったいないので蔵板塀などに再利用されてきた。

●河内は水郷だった

旧大和川には特に支流が多く、そこには舳先が尖った剣先舟が往来し、産物の輸送に貢献した。大和川付替え後の井路川でも引き続き川面を走ることになった。剣先舟に限らず昔から農業に使用されていた運搬用の肥舟や田舟なども舟としての役目を終えても、なおも民家の舟板塀として使用され、大切に利用されてきた歴史と文化を示している。

●消えゆく舟板塀

舟板塀は残念なことに年々姿を消していき、新しい板に変わったり壊されたりで私たちの眼の前から消えようとしている。滋賀県の長浜などは、貴重な観光資源としてまちづくりに活かしている。河内でもこの舟板塀を保存する必要があるのではないだろうか？

現在、この舟板塀が見られる建物が近鉄若江岩田駅近くに3か所ある。

（巻頭 MAP p.20 を参照）

11 旧松原宿 kyuu matsubara jyuku

—意岐部西交差点から額田枚岡間ガードまで—（約 4.7 Km）

今はなき茅葺屋根の旧宿屋 (2007 年撮影)

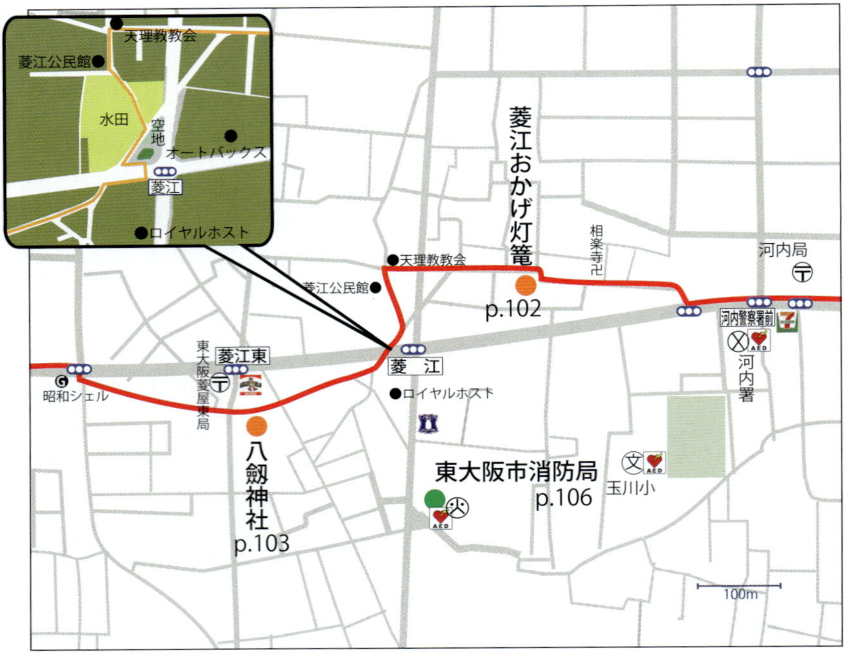

歩き方 【街道ルート】意岐部西交差点 ─(650m)→昭和シェル GS を右、すぐ左─(200m)→**八劔《やつるぎ》神社** ─(200m)→菱江交差点 ─(水田の中を 150m)→菱江公民館 ─(20m)→天理教教会を右 ─(30m)→府道信号を渡る ─(200m)→**菱江《ひしえ》のおかげ灯篭《とうろう》・もちの木地蔵** ─(200m)→産業道路 ─(1㎞)→花園ラグビー場前交差点前、歩道橋手前の植込みを左前方に入る ─(30m)→ 突き当りを左 ─(10m)→　英田小学校入口前を右　 ─(15m)→巨木のある民家を左 ─(130m)→　松原観音堂、大師堂、延命地蔵 ─(80m)→**旧松原宿道標**を右 ─(220m)→突き当りを左─(20m)→右─(350m)→恩地川を渡り右─(30m)→左─(100m)→歩道橋を渡る─(400m)→箱殿自治会館を右─(10m)→左─(150m)→箱殿交差点・**街道の四辻**─(120m)→箱殿東交差点の5差路を左前方に進む─(600m)→駐車場のある三叉路を右に─(130m)→宝幢寺を左─(150m)→額田枚岡間のガード

【周辺の見どころ】
大坂夏の陣の家康の本陣であった中村家跡は、箱殿東交差点を右前方に400m、公園の中にある。また、瓢箪山稲荷神社は東高野街道に近接し、近鉄奈良線瓢箪山駅の南すぐのところにある。

info ここまで来ると生駒山がより身近な風景となる。江戸時代の暗越奈良街道における幕府が認めた唯一の宿場が松原宿。宿場に入る道は鍵型に曲がっており道の両側に本陣や宿、茶店などが軒を連ねていた。往年の賑わいぶりは河内名所絵図に描かれている。有名な井原西鶴の『世間胸算用』の中、松原の煮売屋が登場する。旧松原宿の南にある近鉄花園ラグビー場は昭和４年（1929）に開場した歴史のある施設。高校全国大会「花園」は全国高校生ラガーの憧れの聖地となっている。またこのエリアには図書館なども多く地域の歴史文化の資料探しに便利である。

見どころ

●八劔《やつるぎ》神社

産業道路を右に入り、河内街道と交差している辻の右手に八剣神社が見える。この辺りは旧大和川支流の菱江川が流れており、島と呼ばれていた。ここも菱屋が開発したところで菱屋東新田と呼

八劔神社

ばれていた。境内に伊勢参りのおかげ道標がある。

◆東大阪市菱屋東2丁目11
◆近鉄奈良線「若江岩田駅」、近鉄けいはんな線「荒本駅」

●菱江《ひしえ》のおかげ灯篭《とうろう》・もちの木地蔵

街道に面しておかげ年の文政13年（1830）伊勢神宮の遷宮に菱江村の伊勢講の人たちによって翌年建てられたもの。隣の地蔵は、もちの木のそばにあるので“もちの木地蔵”として親しまれている。もちの木は旅人に日陰を提供し癒してきたのだろう。

菱江のおかげ灯篭・もちの木地蔵

◆東大阪市稲葉1丁目4-12
◆近鉄奈良線「若江岩田駅」、近鉄けいはんな線「荒本駅」

旧松原宿

江戸時代の暗越奈良街道における幕府が認めた唯一の宿場が松原宿。宿場に入る道は鍵型に曲がっており道の両側に宿、茶店などが軒を連ねていた。往年の賑わいぶりは河内名所絵図に描かれている。有名な井原西鶴の『世間胸算用』の中、松原の煮売屋が登場する。道角に建っている石道標を眺めると往年の賑わいが想像できるだろう。

旧松原宿の道標

◆東大阪市松原１丁目 16

◆近鉄奈良線「東花園駅」、近鉄けいはんな線「吉田駅」

街道の四辻

街道の四辻

生駒山麓の箱殿の奈良街道と東高野街道との交差する辻、四つ辻とも呼ばれていたところに道標と祠堂が、街道の脇にひっそりと建っている。

この南北に走る東高野街道（別名、京道とか紀伊道といわれる）が昔の浜だったといわれ道標の横に弘法大師を祀る祠堂がある。

◆東大阪市南荘町１-19
◆近鉄奈良線「枚岡駅」、
近鉄けいはんな線「新石切駅」

中村邸跡（徳川家康・秀忠本陣跡）

徳川家康本陣跡の権現塚

ここ豊浦村の豪族、中村正教は、慶長19年（1614）の「大坂冬の陣」の際は徳川秀忠、翌年の「大坂夏の陣」の際は徳川家康に、自らの屋敷を本陣として差し出した。当時の中村邸は石垣や濠に囲まれ壮大なものであった。時は元和元年５月５日（旧暦）、菖蒲が咲き河内の名産木綿を「菖蒲木綿」と称して家康に献上すると家康は勝布、尚武に通じると喜び、感状《かんじょう》や刀、盃など正教に与えた。本陣を記念して家康を意味する権現塚が建っている。豊浦は天領であったため中村代官と呼ばれ暗越奈良街道や東高野街道が交差する地を支配してきた。

◆東大阪市豊浦町５
◆近鉄奈良線「枚岡駅」

瓢箪山稲荷神社

瓢箪山駅のすぐ南東に、大きな双円形古墳の上に祀られているのが瓢箪山稲荷神社。社伝によると天正１１年（1583）に豊臣秀吉が大坂城の巽（東南）にあたることから鎮護神として伏見桃山城からふくべ稲荷を勧請したのが始まりとしている。江戸時代から辻占いが有名で繁盛した。鳥居前の石橋は豊臣秀頼からの寄進と伝わる。

瓢箪山稲荷神社

◆大阪府東大阪市瓢箪山町 8-1

◆ TEL 0729-81-2153

◆ http://www.kintetsu.co.jp/spot/spot_info/spot0000313.html

◆近鉄奈良線「瓢箪山駅」

●大阪府立中央図書館国際児童文学館

東大阪府立中央図書館国際児童文学館

児童文学研究者・鳥越信から 12 万点に及ぶコレクションの寄贈を受け、1984 年 5 月 5 日（こどもの日）に開館した。建設省（当時）の公共建築百選に選定されている。シンボルマークは安野光雅のデザインで、横笛を吹くギリシア神話の牧神・パーンを象ったものである。約 70 万点の資料を所蔵・公開し、同種の施設としては日本最大の規模であった。漫画単行本や漫画雑誌も少年漫画・少女漫画を中心に多数所蔵していたため、研究者や愛好家の間でも知名度が高く 2008 年には第 12 回手塚治虫文化賞特別賞を受賞している。2010 年に大阪府立中央図書館に移転した。

◆東大阪市荒本北 1-2-1（巻頭 MAP p.20）

◆開館時間　9:00 ～ 17:00

◆休館日　毎週月曜日（その日が祝・休日のときはその翌日を振替休館）
毎月第 2 木曜日（7 月、8 月、1 月は開館）
年末年始（12 月 29 日～ 1 月 4 日）

◆ TEL 072-981-2153

◆ http://www.iiclo.or.jp/

◆近鉄けいはんな線「荒本駅」、近鉄奈良線「小阪駅」「八戸ノ里駅」、JR 学研都市線「鴻池新田駅」

●東大阪市消防局・防災学習センター

東日本大震災が発生し、関西でも東南海・南海地震がいつ起こるかも知れない。ここ東大阪市消防局・防災学習センターでは防災知識や災害に対する準備をわかりやすく学習できる。このセンターには防災学習ゾーンや防災体験ゾーンがあり、子どもから大人まで役立つ情報を展示し、大地震を体験できる施設もある。

東大阪市消防局・防災学習センター

◆東大阪市稲葉１-１-９
◆ TEL 072-966-9998 FAX 072-966-9990
◆開館時間　9:30 ～ 17:00
◆休館日 月曜日（但し祝日にあたる場合は翌日）、12 月 30 日～翌年 1 月 4 日
◆ http://www.h-119.jp/bousaicenter/centertop.html
◆近鉄奈良線「若江岩田駅」

●東大阪市立花園図書館

近鉄花園ラグビー場に隣接するように建っている。図書館の屋根はラグビーボールの形になっているのでわかりやすい。

市民の生涯学習を支援する施設として、地下２階・地上３階の独立館として開設された。蔵書数は、小説、絵本、児童書、参考図書など約 309,000 冊。また、司馬遼太郎コーナーや郷土･行政コーナーのほか、ビデオや CD が視聴できるコーナーもある。

東大阪市立花園図書館

◆東大阪市吉田 4-7-20
◆火曜日から金曜日 9:00 ～ 20:00　土・日曜日と祝休日　9:00 ～ 17:00
◆休館日　①毎週月曜日、②月の最終日（土日祝は開館）、③年末年始　など
◆ TEL 072-965-7700

◆ http://www.lib-higashiosaka.jp/html_data/sisetu_hana.html

◆近鉄東大阪線「吉田駅」、近鉄奈良線「東花園駅」

●近鉄花園ラグビー場

近鉄花園ラグビー場

もともと競馬場があった場所に昭和 4 年（1929）に開場した。このラグビー場の建設に当たっては秩父宮雍仁親王の尽力があったとされる。現在では 3 つのラグビー場を擁し、年末年始に行われる全国高等学校ラグビーフットボール大会は全国の高校ラガーの憧れの的である。

◆東大阪市松原南 1-1-1

◆ TEL 072-961-3668

◆ http://www.kintetsu.co.jp/leisure/hanazono/

◆近鉄奈良線「東花園駅」、 近鉄けいはんな線「吉田駅」

●東大阪市立旭町図書館

東大阪市立旭町図書館

旭町庁舎の 1 階を改装し，平成 9 年 1 月にオープンした図書館。蔵書数は約 13 万冊でＣＤの貸し出しや安岡正篤コーナーなどもあり気軽に利用できる。

◆東大阪市旭町 1-1

◆ TEL 072-982-1235

◆ 10:00 ～ 17:00
（水・木曜日は午後 7 時まで）

◆休館日　月曜日、祝日、月末日年末年始（12 月 30 日～ 1 月 5 日）
図書整理期間

◆ http://www.lib-higashiosaka.jp/html_data/sisetu_asa.html

◆近鉄奈良線「瓢箪山駅」

12 生駒山西麓 ikomayama-seiroku

―「街道」から離れて生駒山の西麓の見どころを探る―

石切駅付近からの夕景、六甲山が蜃気楼のように浮かんでいる

info 生駒山西麓は古代以前に起源をもつ見どころが豊富にある。山麓にある枚岡《ひらおか》神社は「河内一宮《いちのみや》」「元春日社」と呼ばれ、河内一由緒のある神社だ。また山麓に沿って走る「東高野街道」は、河内平野の大部分が河内湾であった縄文時代からあった海岸線道路とされる。記紀に記述さている神武天皇の上陸地点である「盾津浜《たてつのはま》」があったとされる場所や約 5000 年前のクジラの骨や貝塚の発見地も東高野街道近くにある。またこの地域は文学関係の見どころも豊富だ。上田秋成、谷崎潤一郎、太宰治などに所縁のある場所も散在している。生駒山西麓は、神話の時代から近代にまで渡る、歴史と文化の豊穣の地といえる。

歩き方 枚岡神社は「枚岡駅」、そのほかは「石切駅」または「新石切駅」が起点となる。「石切駅」は標高が高いので出発点とし、石切劒箭《つるぎや》神社から東高野街道を北上するか、逆に孔舎衙坂《くさえざか》駅跡から日下新池、川澄家を経由して東高野街道を南下する。このエリアは、広範囲に及ぶので、バスなどを適宜利用して効率的に周遊したい。

見どころ

●枚岡《ひらおか》神社

枚岡神社

河内の一の宮。祭神はアメノコヤネノミコト。ヒメノカミ。タケミカツキノミコト。フツヌシノミコト。

元春日といわれるように奈良の春日大社との関係が深い。常識的に見れば、春日大社は都が移った以降、アメノコヤネノミコト、ヒメノカミは枚岡から、それ以外の神は東国の鹿島、香取から招いて創建されたと思える。社殿も春日づくりといわれるように関係が深い。社殿裏山にあたる神津嶽は神が降りたとされる。

中世の豪族で今も地名を残す水走《みずはや》氏はこの社の神官も兼ねた。有名な枚岡梅林は明治になって、附属していた寺が廃止されその跡が梅林になった。神社には緑も多く、朝に参った時など神聖な気分にさせてくれる。

◆東大阪市東豊浦町 12-12
◆ TEL 072-981-2516
◆ http://www.o-forest.org/hiraoka-park/
◆近鉄奈良線「枚岡駅」

●姥ヶ池《うばがいけ》

姥ヶ池

枚岡神社のすぐ北側のハイキング道の横に池が整備されている。この池には、青白い炎が現れるという姥ヶ池火の伝説がある。これは枚岡神社の神燈の油が毎夜なくなり妖怪の仕業と恐れられたが、その正体は貧しい老婆であった。老婆が釈放されたがこの池に投身自殺した。井原西鶴もこれを素材に物語を書いている。

◆東大阪市出雲井町 7 番 16 号 枚岡神社脇
◆近鉄奈良線「枚岡駅」

コラム　神武天皇　盾津浜《たてつのはま》

古事記や日本書紀に登場する東征の神武天皇は、高千穂（現在の宮崎県）を出発し大和に向かい日下《くさか》の盾津浜に上陸した。ここに「楯津浜」碑が街道沿いに立つ。また近くには神武天皇楯津顕彰碑が建立されている。この碑は神武天皇が大和国橿原で即位して紀元 2600 年記念の昭和 15 年（1940）に文部省が神武天皇聖跡調査と顕彰事業を実施し、楯津浜が全国 19 か所の一つに選ばれたことから顕彰碑が建てられた。記紀によると神武天皇は楯津浜に上陸し直越《ただごえ》して大和に入ろうとしたがニギハヤヒノミコトに阻まれ熊野へ迂回し、大和に入り大和朝廷を成立させたといわれている。

神武天皇　盾津浜碑

瓢箪山《ひょうたんやま》駅南には、東征の折、船の舵が流され難破に由縁する梶無(舵無)神社がある。東高野街道は古代では河内湾という海の海岸線に位置する所。東高野街道の西方において約5000年前(縄文時代前期)のクジラの骨や貝塚など発掘されているので興味深い。

万代
盾津浜碑
p.112
金毘羅燈籠
安岡正篤旧宅
p.116
孔舎衙中
文
孔舎衙小
文
神武天皇盾津顕彰碑
p.112
文
孔舎衙東小
日新高
文
旧河澄家
p.115
日下リージョンセンター
p.115
日下新池
p.116
文
石切中
孔舎衙坂駅跡
p.117
石切東小
文
石切駅
石切小
文
100m
p.114
石切劔箭神社
石切参道局
〒

●豊浦からの眺望

生駒山（豊浦）から夕日を見る　「直越《ただごえ》の この道にして 押し照るや 難波の海と 名付けからしも」万葉集（巻 6）神社忌寸老麻呂《かみこそのおゆまろ》の和歌。直越《ただごえ》とは暗越奈良街道の暗越《くらがりごえ》と辻子越《ずしごえ》の二説あるが、いずれにせよ “ 押し照る ” の表現は太陽が難波の海に光る有様を歌っており、入海になっていた当時の状況が目に浮かんでくる。

生駒山額田展望台から（杉山画）

「草香江《くさかえ》の 入江にあさる 蘆鶴《あしたづ》の
　あなたづたづし 友無しにして」
　　万葉集（巻 4）大伴旅人《おおとものたびと》の和歌

古代の生駒西麓では淀川と大和川が合流し、草香江の沼沢の蘆間には、鶴が棲息していた。

●石切劔箭《つるぎや》神社

石切劔箭神社

祭神は、ニギハヤヒノミコト。ウマシマジノミコト。両者とも物部氏祖神。

大阪では「でんぼの神様」といわれ平日でも多くの参拝者が多く訪れる。ただこのように賑わったのは、大軌（近鉄奈良線）開通以降で、江戸時代は村の社程度だったいわれる。

しかし古くさかのぼれば物部氏との関係も深く、この地で神武天皇と戦ったナガスネヒコと関係があるという説もある。また少し離れたところに上社があり 2 つの神社は性格が違うと言う説もある。

この上社のある谷を辻子谷と言いここを登ると興法寺を経て生駒を越えトミノナガスネヒコの登美の地へつながる。またこの谷は水車が多かった谷で知られる。この谷を下って近鉄石切駅から社までが石切参道である。近年は占いの店が増えたが、レトロな商品などを並べる店もあり散策は楽しい。

◆東大阪市東石切町 1-1-1

◆ TEL 072-982-3621

◆ http://www.ishikiri.or.jp/

◆近鉄奈良線「石切駅」、近鉄けいはんな線「新石切駅」

●長尾の滝

長尾の滝

生駒山では滝は少ないが雄滝と雌滝の二条からなる長尾滝。長栄寺の慈雲尊者が、宝暦８年（1758）生駒山麓額田谷にある不動寺の跡を譲り受け、谷の奥にある長尾の滝のほとりに双龍庵禅那台を結んで京都へ移るまでの 15 年間居住修業した。師によるサンスクリット研究は当時、世界一との評価がある。旧蹟と滝は東大阪市の名勝史跡に指定。

◆東大阪市山手町（巻頭 MAP p24 参照）
◆近鉄奈良線「額田駅」

●河澄家

河澄家

江戸時代後期の国学者、上田秋成は『雨月物語』の著者として高名だが寛政 10 年（1798）日下の里に滞在し療養をした。在住の文人達と交流し河澄家に関連する『鳴鶴園記』を残している。

◆東大阪市日下町７丁目 6-39
◆ TEL 072-984-1640
◆開館時間　9：30 ～ 16：30
◆休館日　月曜（祝日の場合は翌日）・祝日の翌日・年末年始
◆近鉄奈良線「石切駅」

●根津家遺構（日下リージョンセンター）

谷崎潤一郎ゆかりの 石灯篭
と つくばい（日下ージョン内）

谷崎潤一郎は昭和６年（1931）に生駒山西麓稲荷山（現善根寺町）の根津家の別荘に寓居していた。そして大阪の貿易商、根津家の松子夫人と知り合い名作『細雪』を執筆することになった。後に廃墟となっていたこの別荘跡を西口孝四郎が探索、そこで発見された遺構のうち石灯篭とつくばいが日下リージョンセンター前に展示されている。

◆東大阪市日下町３-1- ７
◆ TEL 072-986-9284（市民プラザ）
◆近鉄けいはんな線「新石切駅」

●日下新池

日下新池の東岸に海岸に生えるヒトモトススキが群生している。古くは海岸線がこの付近まできていたことを示す。東大阪市の天然記念物に指定されている。カヤツリグサの一種。

ヒトモトススキ

健康道場跡

またこの池のほとりにあった健康道場を題材にして太宰治は『パンドラの匣《はこ》』を著作し、数年前に映画化された。

◆東大阪市日下町１　地内
◆近鉄奈良線「石切駅」

●安岡正篤《やすおかまさひろ》旧宅

安岡正篤、明治 31 年（1898）～昭和 58 年（1983）は、歴代総理大臣や財界人の指南役と知られた思想家。この茅葺を銅板で覆った入母屋造の農家風家屋は、明治 41 年（1908）から大正４年（1915）までの７年間、住んだ家宅。孔舎衙《くさか》小学校の創立 120 周年に母校を訪れた際、揮毫した記念碑が当小学校に建てられている。

安岡正篤旧宅

安岡正篤（杉山画）

安岡は少年期に春日神社（善根寺）神官 浅見晏斎に師事する。善根寺から東高野街道を通学のため旧制四条畷中学を往来し、卒業後は東京へ出て旧制一高、東京大学を卒業した。少年期を送った家は今も篤志家により保存されている。

安岡正篤が通った春日神社（善根寺）

安岡については昭和天皇が終戦の際読みあげた詔勅に事前に筆を入れたことや、平成の年号の発案者としても知られている。戦前の名横綱、双葉山が連勝大記録を 69 でストップした時、師事していた安岡に“未だ木鶏たりえず”の電報を送ったエピソードは有名。

◆東大阪市善根寺町 1-2-15
◆近鉄奈良線「石切駅」

コラム　孔舎衙坂《くさえざか》（日下《くさか》）駅と旧生駒トンネル

石切駅を下車し、そこから北上する。すると、現在の生駒トンネルの北側に旧生駒トンネルの入口が見えてくる。現在は鉄扉で閉鎖されているが、その手前にホーム跡があり、入ることも出来る。これが旧孔舎衙坂《くさえざか》駅跡である。この駅は 1914 年の大軌（近鉄奈良線）開通の年にでき、1964 年（昭和 39 年）に新生駒トンネルが開通する時まで使われていた。なお新トンネルは、鉄道の輸送能力を高める目的で大型車両を通すために掘られたものであり、それまでは現在のような大型車輌は瓢箪山で折り返していたのだ。

さて、このような山の中に駅を作ったのは何故だろうか？　この近く、谷崎潤一郎が居候したという根津家の別荘の隣には遊園地があったという。ちなみに開通当時、まだ あやめ池の遊園地 はなかった。またすぐ隣の日下新池に料理旅館などをつくり行楽地にしようとした、という噂もある。この料理旅館が太宰治の短編「パンドラの匣」のモデルとなり、小説に描かれた青年が入所していた療養施設になったと聞いている。

当時の大軌の実質的経営者である北浜銀行頭取 岩下清周が大阪と奈良を最短距離で結ぶために、この位置に生駒トンネルを掘ったとされている。但し上本町から瓢箪山までは今でも一直線、また生駒から奈良までもほぼ一直線だが、瓢箪山、孔舎衙坂《くさえざか》間はクランク状に曲がっていた。この事実は、まず生駒聖天に近い場所に生駒駅の位置を決め、そこから大阪側にトンネルを掘ったという説を導き出した。もっとも、その結果、この区間、乗客は車窓から大阪の夜景を楽むことができるようになったのだが…。しかし、この間の急勾配は登山電車並みで、惨事も起こっている。それは戦後まもなくのことだった。生駒トンネルの中で突然、電車のブレーキが利かなくなり、急勾配の坂を暴走し、花園駅で先行の電車に追突、49 名が死亡したのだ。

このトンネル工事は当時としては極めて難工事であり、朝鮮人労働者を含む多数の犠牲者を出した。また膨大な建設費で、大軌自身の経営が危機に陥り、生駒聖天に賽銭まで借りにいったとうエピソードが伝わっている。この駅跡は近代鉄道史のかけがえのない鉄道遺産である。

孔舎衙坂駅跡と旧生駒トンネル

13 暗峠 kuragari tohge

—近鉄枚岡額田間ガードから石仏寺まで—（約 6km）

江戸時代、郡山藩により敷設された石畳

歩き方【街道直行ルート】近鉄「枚岡駅」「額田駅」間ガード —(500m)→勧成院 —(40m)→野尻伸線所 —(150m)→豊浦谷一号墳 —(20m)→明治の芭蕉句碑 —(600m)→観音寺 —(200m)→謎の石碑群・不動明王石像 —(900m)→弘法の水 —(900m)→暗峠 —(900m)→四体の石仏 —(400m)→ミニ石仏 —(150m)→万葉歌碑 —(600m)→藤尾の石仏 —(600m)→石仏寺

近鉄のガードくぐりぬけると・・・いよいよ壁のような急坂がはじまる

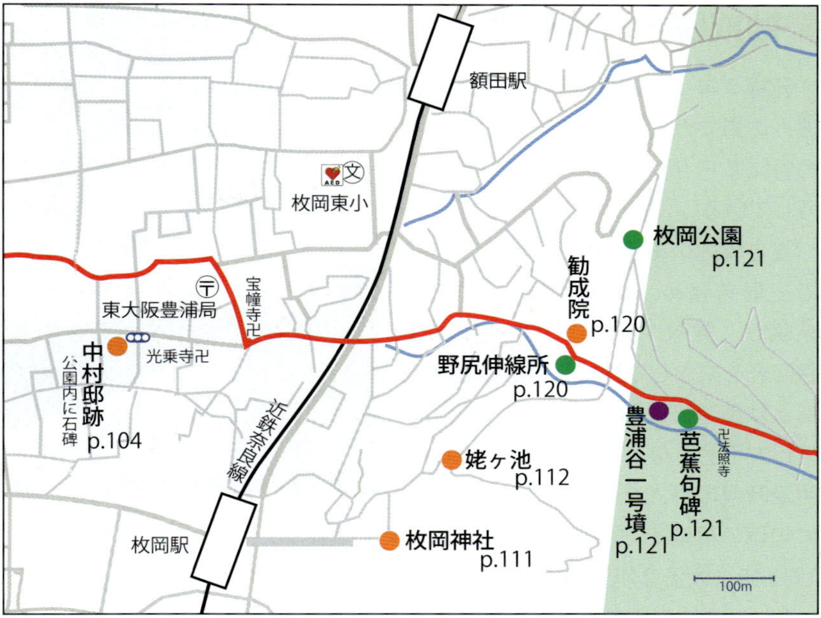

【周囲の見どころ】髪切山慈光寺《こぎりざんじこうじ》は街道との分岐から800m（p90のMAP参照）、鬼取山《おにとりざん》 鶴林寺《かくりんじ》は街道との分岐から1.2㎞（巻頭MAP13参照）。なお、鶴林寺から生駒山を登り宝山寺行くルートもある。

info 豊浦町に入り近鉄奈良線の高架を抜けると、いよいよ暗峠へと続く急勾配な坂道が始まる。現在は、車の通る国道だが「酷道308」と呼ばれているように、道は急勾配の上、小型車一台がようやく通れる幅員しかない。ここから生駒市の南生駒駅付近まで公共交通機関はない。所要時間は２～３時間であり、夜間は非常に危険なので、日没までに歩き切る予定を立てたい。暗峠は時間的にはほぼ中間点に当たる。他のエリアと異なり交通機関が限られるので、山歩きの準備（飲料水、靴など）を怠らないようにしたい。

軽自動車でも行き違いできない幅員しかない

ここは古代より、難波津と大和を結ぶ幹線道路で、江戸時代、峠は宿場としても賑わっていた。また、修験道など山岳宗教の行場も点在し、路傍の石仏や石碑が多く見られるのも、この道の魅力である。

勧成院・芭蕉句碑

勧成院前から大阪平野を眺める

元禄7年（1694）俳人松尾芭蕉は難波への道すがら、この暗峠をこえ「菊の香にくらがり登る節句かな」の句を残している。

当寺境内にある芭蕉句碑は、豊浦村の庄屋を務め、俳人でもあった中村來耜《らいし》が、寛政11年（1799）芭蕉没後百回忌を記念して建立したものである。もとは街道筋にあったが、山津波のため行方不明になってしまった。そこで、明治時代の俳人たちによって同じ場所に句碑の再建をおこなった。ところが1913年（大正2年）の大雨で江戸時代の歌碑が偶然発見された。そこで、これは勧成院の境内に移されたのである。

◆東大阪市東豊浦町8-5

◆ TEL 072-981-2107

◆近鉄奈良線「額田駅」

豊浦谷水車工場跡（野尻伸線所）

野尻伸線所

大正時代まで豊浦川の水流で水車を回し、その動力で鋼材から針金などをつくっていた所。豊浦谷の額田橋から近鉄高架付近までの僅か1.5 kmの範囲に二十数ヶ所の水車工場跡が確認されている。業種は伸線のほか、精米・精麦・金属粉末などで、導水路・石垣・排水口などが残っている。

◆東大阪市東豊浦町8-3

◆ TEL 072-981-2260

◆近鉄奈良線「額田駅」

枚岡公園

枚岡公園からの眺望

奈良県と境を接する生駒山系の山麓に位置する額田山、枚岡山を含む区域で、比較的急斜面に桜、クヌギ、コナラ、松を主とした林に覆われた森林公園だ。額田山と枚岡山には展望台があるが、そこまで行かなくとも、勧成院を少し上がり、民家の途絶えたあたりを右折すると大阪平野が一望できる場所がある。そこには石仏がある。また 100m 先にはベンチと綺麗なトイレがあるので休憩に使える

◆東大阪市東豊浦町 12-12
◆ TEL 072-981-2516
◆ http://www.o-forest.org/hiraoka-park/
◆近鉄奈良線「枚岡駅」、「額田駅」

豊浦谷一号墳

豊浦谷一号墳

この豊浦谷一号墳以外にも数基の古墳が確認されており、豊浦谷古墳群と呼ばれている。発掘の結果、土師器、須恵器、瓦器、中国産陶器などが発見されている。また北方には「みかん山古墳群」もある。この辺りが古来、水走氏《みずはや》をはじめ有力な豪族の支配地であったことと無関係ではないだろう。

◆東大阪市東豊浦町 966
◆近鉄奈良線「枚岡駅」、「額田駅」

明治の芭蕉句碑

明治の芭蕉句碑

前述のように江戸時代の芭蕉句碑のあった場所。そして、現在の句碑は、山津波のため行方不明になってしまった江戸時代の句碑の代わりに、明治 22 年（1889）俳句結社、河内六郷社が立てたものである。

◆近鉄奈良線「枚岡駅」、「額田駅」

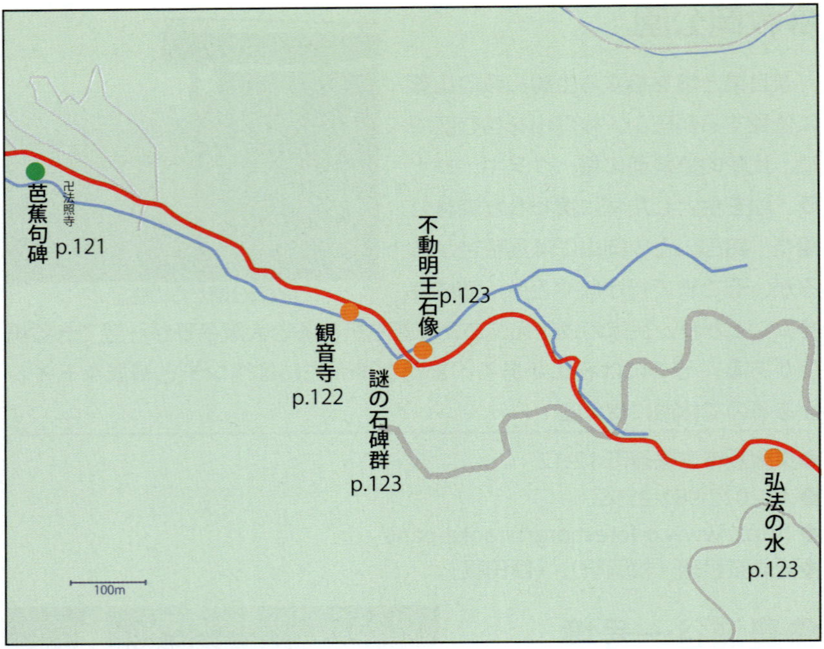

● 聖法山《しょうほうざん》 観音寺《かんのんじ》

観音寺

真言宗のお寺。境内には「天竜の瀧」があり、街道を行き来する人に水を供給してきた。現在でもこの滝の水をくみ取って飲用にするとができる。

江戸時代、ここには諸大名も利用した茶屋があった。茶屋跡には「木魚石《もくげいし》」という名石がある。昔、子供にお乳を飲ませる頃になると、この石から木魚の鳴る音がしたことから、その呼び名がつけられたといわれている。

◆東大阪市東豊浦町 1219

◆ TEL 072-981-4577

◆ http://osaka-kannonji.net/enkaku_gyouji.html

◆近鉄奈良線「枚岡駅」

謎の石碑群

お玉大神。なぜか灰皿がある

観音寺から200mほど歩くと、赤い鳥居がある。その奥には、読めるものだけでも「お玉大神」「お初大神」「玉市大神」「熊鷹大神」「秋葉明神」と彫られた、大小十個ほどの石碑が立っている。その謂れ等はわからないが、街道に散在していたものを集めて祭ってあるという印象だ。得も言われぬ不気味な雰囲気がある。

◆東大阪市東豊浦町地内
◆近鉄奈良線「枚岡駅」

不動明王石像

不動明王石像

「謎の石像群」と道を隔てて反対側の少し奥まったところに不動明王の石像がある。小像なので注意していないと見過ごしてしまうが、よく見るとなかなか迫力のある造形がなされており、必見。

◆東大阪市東豊浦町地内
◆近鉄奈良線「枚岡駅」

弘法の水と笠塔婆

弘法の水の石仏は覆屋で守られている

「謎の石像群」から信じられないような急勾配の坂道を600mほど登ると、勾配がだんだん緩くなり、峠に近いことを感じ始める。そんな場所に石仏が祀られている小さな祠がある。

また、右奥にはひときわ背の高い「笠塔婆」（181㎝）がある。鎌倉時代の中期弘安７年（1284）につくられたもので、阿弥陀如来坐像の下に南無阿弥陀仏の六字名号を刻んである。

祠の入り口のところからは湧き水が出ていて『弘法の水』と呼ばれ、古来旅人の憩いの場となっていたことが想像される。説明板には「毎朝一升瓶や水筒を持った人達が飲料水として汲みにくる」と書いてあるのに『水質検査の結果生水は飲まないようにしましょう』とも書いてあり混乱する。実は「第二阪奈自動車道」のトンネル工事以降、水量が激減し、水質の悪化が生じたようだ。かつての豊富な湧水を想像するに留めて、これを飲むのはやめた方がいい。

笠塔婆

現在の弘法の水

◆東大阪市東豊浦町地内
◆近鉄奈良線「枚岡駅」

髪切山《こぎりざん》 慈光寺《じこうじ》

髪切山慈光寺《こぎりざんじこうじ》は、暗峠の北方、標高約 400m の髪切山にある。天智天皇の時代、役行者《えんのぎょうじゃ》（役小角《えんのおづぬ》）がこの地で修行の折、良民に乱暴していた二鬼を退治してその髪を切ったというのが、髪切の名の起こりと伝えられている。そして行者が開祖となって慈光寺が創建された。

◆東大阪市東豊浦町髪切
◆ TEL 072-981-8211
◆近鉄奈良線「枚岡駅」

道標「左　髪切山慈光寺、右　くらがり峠」

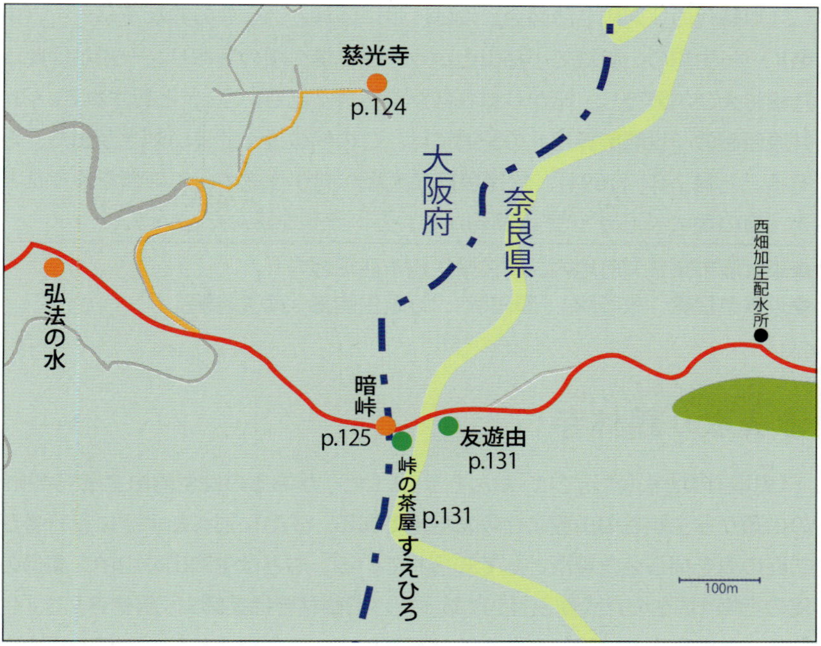

暗　峠《くらがりとうげ》

暗峠　古い石碑や石畳が歴史を感じさせる。後方のガードレールは生駒スカイライン

暗峠は、奈良県生駒市と大阪府東大阪市との境にある標高455mの峠。峠の頂上には小さな集落があり、茶店もある。また、この付近の石畳は江戸時代に郡山藩により敷設されたものである。峠のすぐ東側を信貴生駒スカイラインが通っているが、直接暗峠にアクセスすることはできない。

「暗がり」の名称は、木々が鬱蒼と覆い繁り、昼間も暗かったことに由来している。また、生駒山の山様全体を馬に見立てそのちょうど鞍部に見えたことからこの名前ができたとする説もある。落語では、「あまりに険しいので馬の鞍がひっくり返ることから、鞍返り峠と言われるようになった」とされている。「日本の道百選」にも選ばれている。

江戸時代の『河内名所図会』には、「世に暗峠というもの非ならん……（中略）……生駒の山脈続て小椋《おぐら》山という。故尓椋ケ根《ゆえにくらがね》の名あり、一説尓《に》は此《この》山乃《の》松杉大ひ尓《おおいに》繁茂し、暗かりぬればかく名付くともいう。」と記されている。井原西鶴の『世間胸算用』の記述には、この峠の近くで追い剥ぎが出た、とある。元禄 7 年（1694）、松尾芭蕉が大坂へ向かう途中、この峠を通ったとき「菊の香に くらがり登る 節句かな」という句を詠んだという。

◆東大阪市東豊浦町地内、奈良県生駒市西畑地内
◆近鉄奈良線「枚岡駅」「額田駅」、近鉄生駒線「南生駒駅」

● 鬼取山《おにとりざん》 鶴林寺《かくりんじ》

「鬼取《おにとり》」の地名（地元では「おんとり」という）があるのは生駒山主峯 (642m) の山頂から生駒谷の山腹にかけた地域である。すでに述べたように役行者《えんのぎょうじゃ》が二匹の鬼を捕らえた場所として知られている。もとは生駒山の山中、薬師の滝の行場（現在の八大龍王社）にあった。旧鶴林寺は薬師山「鶴林寺」で、「生駒寺」とも称され、役行者《えんのぎょうじゃ》もしくは行基によって創建された。江戸時代の安政 6 年（1859）に現在地に移転したものである。

◆生駒市鬼取町 264
◆ 0743-74-1111（生駒市観光協会）
◆近鉄生駒線「南生駒駅」

伊勢本道保存会の「おいせまいり」の札が暗峠のあちこちに付けられている
http://www.isehonkaido.com/

コラム　暗峠の暮らし

自動車のない時代、籠は唯一の乗り物

江戸時代の暗峠の家宅と宿の戸数はあわせて 20 軒足らずだったが、旅人で賑わっていた。井原西鶴（1642 ～ 1693）『世間胸算用』中に、当時の暗峠が登場する。現在、戸数は減ってしまったとはいえ 10 数世帯ほど住民が峠で生活している。標高は 455 メートルでの生活に苦労は絶えない。この試練乗り越え、峠の生活はずっとしっかり守られ続けてきたのだ。峠の長老、西田忠義さんと大和郡山藩主柳沢家の本陣跡で茶店を経営されている「すえひろ」の山田末弘さんから少年時代の峠の暮らしぶりの一端を伺った。

● 急病人は駕籠で下山

子どもの頃は、急病人が出ると自動車がなかったので病人を駕籠に乗せて枚岡の医者に行くか、駕籠で医者を迎えにいった。その時は、駕籠担ぎの交替用人を含め 5 人ほどの同行が必要だった。（松尾芭蕉も暗峠にたどり着いた時は、体調を崩して駕籠で下山したという。）また戦時中、大阪が空襲を受けた時は、峠からみると高射砲弾が花火に、大阪の街が火の海に見えた、という。

●材木など荷物は牛車で運搬

戦後になっても、峠から少し離れたところでは追剥《おいはぎ》が出たこともある。戦後は燃料や建築材料に山の木が使われたので、山林を入札し、伐採しては売り、儲かった、という。しかし外国材が入るようになると木材の値が下がったので落札しても損をするようになった。（今は、峠の家でもこの辺の木を建材として使わない。手入れの要らない合板やアルミ材や軽鉄骨を使用することが多い。）

お伊勢参りの通行人のものすごく多かったことは伝え聴いている。子どもの頃、水道はなく、天秤にバケツをつけて汲みに行かされていた。冬などは地面が凍結し何回かひっくり返ってつらい思いをした。

「闇峠」と書かれた江戸時代の消火ポンプ（神感寺蔵）

最近では、若い者は峠に定着したがらない。子どもができたら保育所や小学校などへの送り迎えが必要となり、大変だからだ、という。

西畑の棚田

暗峠からスカイラインの下をくぐり抜けしばらく下ると、道の両側に棚田の風景が広がる。この美しい里山の風景を残すためボランティアによって保全活動が熱心に行われている。そのためか、平成 19 年（2007）「美しい日本の歴史的風土 100 選」に宝山寺などとともに選出された。

1 月 12 日に行われる「大とんど」では、棚田のうちの一枚に何本もの青竹で大きなやぐらのようなものを組み立て、正月飾りや書き初めとともに燃やし、その火で竹の竿の先端に付けた餅を焼いて食べる。地域外の人が主体で棚田の保存活動をしている「いこま棚田クラブ」がある。

◆奈良県生駒市西畑町地内
◆ http://www.k2.dion.ne.jp/~ikoma/index.html
◆近鉄生駒線「南生駒駅」

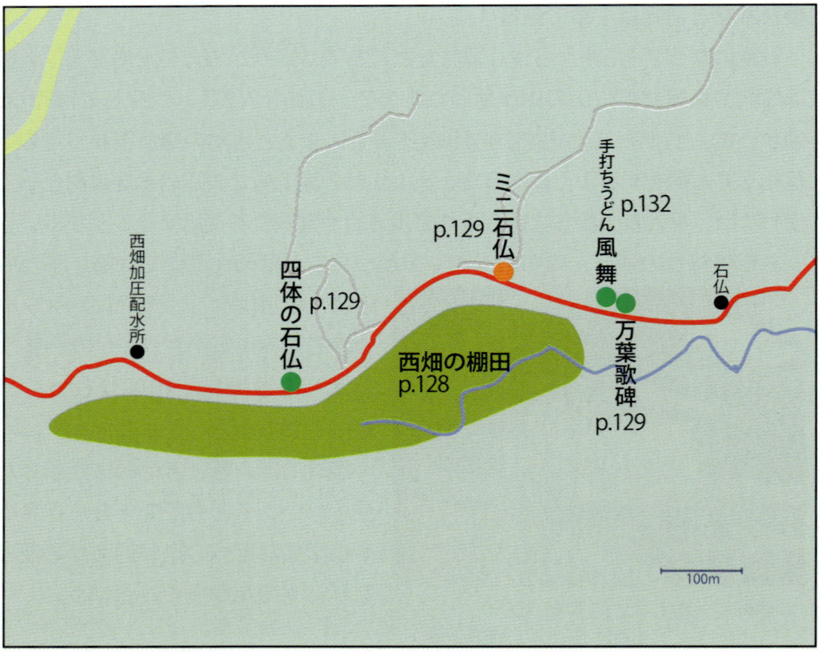

四体の石仏とミニ石仏

棚田を右手に見ながら下っていくと左手には各集落のはずれに石仏が点在している。鎌倉時代の石仏から最近つくられた石仏まで街道沿いの住民にとって欠くことのできない信仰の対象のようだ。

最近奉納されたという４体の石仏

恐ろしく小さい石仏

万葉歌碑

平成５年（1993）生駒市教育委員会等によって建立された万葉歌碑。万葉集 20・4380「奈爾波刀《なにわと》を漕ぎ出て見れば神さぶる生駒高嶺に雲そたなびく〈大田部三成〉」

藤尾の石仏

藤尾の石仏

街道が突然、ゆっくりとカーブを描き、中世の小径に戻ったような錯覚に陥ったと感じた瞬間、古い小さな祠が道傍に現れる。高さ 136cm 薄肉彫の線画で衣文などを表現している。記銘によりこの像が鎌倉時代の文永７年 (1270) に製作された阿弥陀仏像であることが分かる。

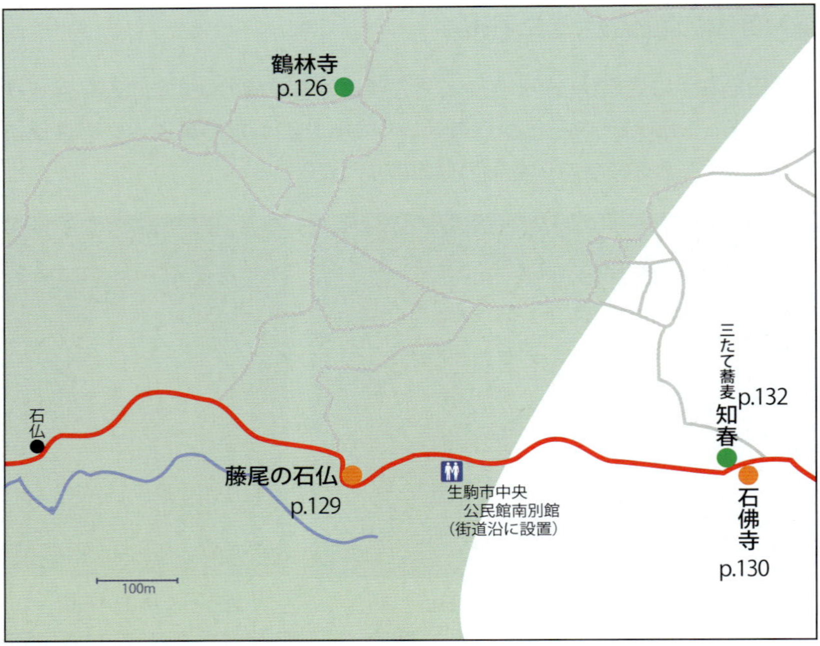

岩生山 石佛寺

藤尾の檀那寺として信仰を集めてきたが、正確な由緒は分からないという。但し、本尊をはじめ境内の石碑、五重塔など鎌倉時代の記年がある石造物が多く、寺の創建された時代を推定することができる。

本尊の阿弥陀三尊像は石造で像高100cm 鎌倉時代 永仁２年（1294）造立。光背銘から石工・伊行氏《いのゆきうじ》の作。彫りは膝の出が少ない正面観を重視したもの。顔に張りのある肉取り豊かな像。脇侍の観音・勢至菩薩立像は別造の二重円光背の両側に半肉彫りで表し、銘文は両脇侍の横に刻まれている。銘「甲午二月十五日　大願主行佛　大工伊行氏」（生駒市デジタルミュージアムより）

石佛寺の前からの生駒の眺望

◆奈良県生駒市藤尾町 96
◆ TEL 0743-77-8474
◆近鉄生駒線「南生駒駅」

食べ処

● 峠の茶屋 すえひろ

暗峠の石碑を越え、大阪府から奈良県に入ってすぐのところにある、まさに峠の茶屋である。おみやげの販売と食事、甘味なども提供している。

「紅茶ゆず生姜入り」は、寒い季節、歩き疲れた体にはこの上もない御馳走だ。御主人も女将さんも、気軽に話しかけてくれて楽しかった。

◆奈良県生駒市西畑 1077-1-1
◆ TEL 0743-76-8495
◆営業時間 9:30 ～ 16:30
◆休業日　水曜日
12 月中旬～ 2 月末の平日
◆近鉄奈良線「枚岡駅」「額田駅」、
近鉄生駒線「南生駒駅」

● 風のビューカフェ　友遊由《ゆうゆうゆう》

生駒スカイラインのトンネルを抜けると道幅が広がり生駒や奈良の街並みが見渡せるようになる。そんな絶好の場所にあるのが「風のビューカフェ　友遊由」。暗がり名物「烏骨鶏玉子丼」(800 円)、天然酵母トーストセット (600 円) などの食事、アイスクリーム、抹茶の他、生駒の地酒「くらがり越え」(350 円) などを提供している。毎週水曜日、土曜日　午前 10：00 から天然酵母パンも販売しており、予約もできる。

◆奈良県生駒市西畑町 1085
◆ TEL 0743-77-7282
◆営業時間：9:00 ～ 17:00
◆休業日　月・木曜日
◆近鉄奈良線「枚岡駅」「額田駅」、
近鉄生駒線「南生駒駅」

風のビューカフェ　友遊由

● 手打ちうどん 風舞《かざまい》

懐かしい「田舎のお婆ちゃんの家」のような癒し空間で、棚田を渡る風を感じながら　ゆったりほっこり手打ちうどんが食べられるお店。お勧めは「くらがり地鶏なんば」。香ばしく柔らかな地鶏と、しなやかな手打ちうどんだ。

◆奈良県生駒市西畑町 487-1
◆ TEL 0743-77-8060
◆営業時間 平日 11 時～ 18 時、土日祝 11 時～ 19 時（麺が無くなり次第終了）
◆定休日　月曜日（祝日の場合は火曜日）
◆近鉄生駒線「南生駒駅」

● 三たて蕎麦 春知《しゅんち》

お店のタイトル「三たて」とは「挽きたて」「打ちたて」「茹でたて」、つまり蕎麦を美味しく食べる為の三条件。このこだわりのある蕎麦を提供しているお店は、石佛寺の前にある。大阪堂島から生駒に移転。そばは十割のみ、石臼挽き自家製粉、もちろん三たてで供される。メニューも豊富。また、蕎麦湯がおいしい。築 90 年の古民家を自分で改装したという店内外も必見。

◆生駒市大門町 555
◆ TEL 0743-76-7674
◆営業時間 11:30 ～ 14:30、17:30 ～ 20:30
◆定休日　火曜の夜と水曜日　 P 有
◆近鉄生駒線「南生駒駅」

鳥獣戯画のようなペインティング

駐車場の不思議なオブジェ

コラム　役行者と前鬼、後鬼

役行者《えんのぎょうじゃ》は、役小角《えんのおづぬ》とも呼ばれ、修験道《しゅげんどう》の開祖とされる人物である。続日本紀《しょくにほんぎ》によれば、役行者は舒明天皇６年（634）大和国茅原の里（現在の御所市茅原）で生まれた。幼少の頃から金剛山・葛城山に入って修行をし、19 才の時、山中に籠っているとき、夢に「生駒明神」が現れ「経を授けるから生駒に登れ」という託宣があり、生駒山の般若窟《はんにゃくつ》に入り修行をした。なおこの般若窟という名称は、行者がその時、その洞穴に般若経を納めたことに由来する。後にここに宝山寺を開いたのも役行者だとされる（一説には開山は行基）。

般若窟での修行中、生駒山に二匹の鬼が出て村人に危害を加えていることを知り、これを不動明王の力を借りて捕えたという。その場所が鬼取山《おにとりやま》(又は鬼取獄)であり現在の生駒市鬼取町とされる。そして後に、行者はこの地に鶴林寺《かくりんじ》（現在よりも山頂の近くにあった）を創建した。

行者は捕えた両鬼をつれて般若窟に戻り、そこに閉じ込めた。やっと改心を誓った両鬼を連れて行き、改心の証に髪を切って、義学・義賢と名付けた。その場所が現在の東大阪市東豊浦町髪切《こぎり》であり、やはりこの地に慈光寺《じこうじ》を創建した。以後、二人は移動中、行者の前後を固めたことから前鬼、後鬼と呼ばれた。

660 年頃、再び生駒明神のご神託があり、鳴川《なるかわ》の里に入り、千光寺《せんこうじ》を創建、漆の木で千手観音を刻み、日夜 荒行に励んだ。その際、前鬼、後鬼の他に行者の母　白専女《しらとおめ》も修行に入った。

ある日、行者は山に登り南方見ると遥か彼方に光り輝く山を見つける。それが大峰山であり、行者は母を残し、前鬼、後鬼を従えてその地をめざした。そして吉野から山上ヶ岳（大峰山）を経て熊野三山至る一帯を修行根本道場と定め、修験道の礎を築いた。

一方、母　白専女はその後も千光寺に残り修行を続けた。この為、山上ヶ岳の前の修行の場という意味合いから千光寺は「元山上」もしくは「女人山上《にょにんさんじょう》」と呼ばれるようになり、女人の修行道場として栄えた。

ところで、前鬼（義学）は後に、吉野郡下北山村(前鬼谷)に住み、後鬼（義賢）は吉野郡天川村洞川に住みついたと言われている。そして今でも彼らの子孫を名乗る住民が住んでいる。この地では節分に際して「鬼は内、福は内」と唱えるらしい。

時代は遡るが、魏志倭人伝に「鬼国」という国名が登場し、住民が鬼道を行っているという記述もある。７世紀、紀伊半島南部は「木国《きのくに》」（後に紀国《きのくに》）と呼ばれていたが、もしかしたら鬼の住む国「鬼国」が本意であったと想像すると面白い。

14 竜田川 tatsutagawa

—石佛寺から榁木峠まで—（約 3.0 Ｋm）

矢田丘陵にある小瀬福祉ゾーンから見た生駒山の雄姿

歩き方　【街道直行ルート】石佛寺 ─(500m)→南生駒駅 ─(40m)→大瀬《おおぜ》中学 ─(150m)→歓喜の湯 ─(20m)→榁木《むろのき》峠

【周辺の見どころ】「竹林寺・行基墓」「往馬《いこま》大社」へは、近鉄生駒線壱分駅下車、いずれも徒歩 10 分ほど。「宝山寺」へは近鉄奈良線生駒駅から生駒ケーブル線に乗り換え宝山寺駅下車、徒歩 10 分。

info　暗越奈良街道から少し離れて、奈良時代に活躍した行基《ぎょうき》ゆかりの寺社を訪れるのもいいだろう。行基の墓のある竹林寺、火祭りで有名な古社の往馬《いこま》大社、生駒の聖天さんと崇められる宝山寺などがある。生駒山系を降りると生駒谷に出て竜田川を越える。不足品があれば途中、ホームセンターダイキに寄ろう。道の駅のように生駒や奈良の希少な産品も販売しており、土産になる。また、森を越えると一旦平地に出て大瀬中学校の前に出る。その門前に、「夕されば　ひぐらし来鳴く　生駒山　越えてぞ我が来る　妹が目を欲り」の万葉歌碑が立っている。小瀬保健福祉ゾーンでは無料の「足湯」で疲れをほぐし、歩いてきた西方の生駒山系を見やると、雄大さとともにあの山を越えて来たんだぁと実感することができる。さらに坂道を進めば間もなく榁木峠に至る。

見どころ

●竜田川

竜田川より生駒山を望む

生駒山の東麓に発し、生駒谷から平群《へぐり》谷を経て大和川に至る全長 15km の一級河川。竜田川に沿うように近鉄生駒線と国道 168 号線が並行して走る。下流の平群町の椣原《しではら》あたりでは奇岩が連なる峡谷となり、勧請網掛《かんじょうあみがけ》という神事もある。大和川と合流する辺りは紅葉の名所として名高く、在原業平《ありわらのなりひら》が

「ちはやぶる　神世も聞かず　龍田川　からくれなゐに　水くくるとは」

と詠んだといわれる。

いつも市民でにぎわう足湯

●小瀬《おぜ》保健福祉ゾーン「歓喜の湯　足湯」

大瀬《おおせ》中学校から少し南下して、小瀬交差点からまた東へ進み、登り疲れる頃に小瀬保健福祉ゾーン「歓喜の湯　足湯」がある。泉質は単純泉で、無料で足湯が楽しめる。トイレもある。ここから見る生駒山の眺望は素晴らしく、今しがた辿ってきた暗峠から延びる九十九折《つづらおれ》の街道が一望できる。

◆生駒市小瀬町 1100 番地 13

◆利用時間　10:00 ～ 18:00

◆休館日　年中無休

◆料金　無料

◆ TEL 0743-74-1111（福祉総務課）

◆ http://www.city.ikoma.lg.jp/datafile/su/su44.html

◆近鉄生駒線「南生駒駅」

近鉄奈良線「東生駒駅」から「小瀬保健福祉ゾーン」行きバスで約 17 分

足湯から望む生駒山と生駒谷

暗峠から続く九十九折《つづらおれ》の街道も一望できる

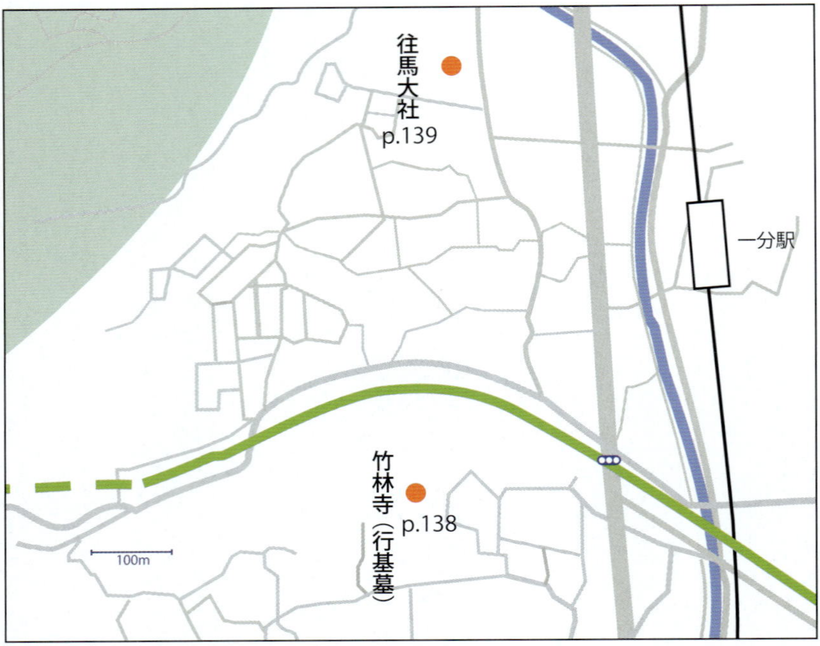

●竹林寺・行基墓

行基菩薩開基四十九院の1つ。奈良時代に架橋や治水などの社会的事業に尽力し、後に東大寺大仏の造立にも力のあった行基（668～749）の小庵が後に寺院となり、その墓所もある。行基墓は国指定史跡であり、境内には4世紀築造とされる竹林寺古墳もある。

行基墓

◆生駒市有里町 211-1

◆ TEL 0743-77-8030

◆ http://small-life.com/archives/11/09/2621.php

◆近鉄生駒線「一分駅」、「南生駒駅」

往馬《いこま》大社

往馬大社

　創建の年代は不詳だが、古代、生駒山を神体山として祀ったのを起源とし、生駒谷十七郷の氏神として鎮座している。最古の記録は、『総国風土記』の雄略天皇3年（458）条に「伊古麻都比古神社《いこまつひこじんじゃ》」とある。延喜式の神名帳にも「往馬坐伊古麻都比古神社《いこまにいますいこまつひこじんじゃ》」と載せられている古社。
　古くから「火」との関わりの深い神社として崇敬されてきたようで、毎年10月に行われる例大祭は「生駒の火祭り」と呼ばれ、県内の奇祭の一つとして有名。

◆生駒市壱分町 1527-1
◆ TEL 0743-77-8001
◆ http://www.ikomataisha.com/
◆近鉄生駒線「壱分駅」

宝山寺

　生駒山は大昔から神、仙人の住む山と崇められ、役行者や弘法大師らも修行したと伝えられる修験道の地である。宝山寺中興の湛海律師が延宝7年（1679）に開山したといわれる。「生駒に優れた験者あり」のうわさが広がって大いに栄えた。現世利益を求める多くの人々から「生駒の聖天さん」、「生駒山 (さん)」と親しまれ、毎月の参拝者が多い。広い境内には最近修復された重要文化財の獅子閣もある。近鉄生駒駅へはケーブルに乗るか、情緒のある参詣道を歩いて下ることもできる。

宝山寺

◆生駒市門前町 1-1
◆ TEL 0743-73-2006
◆ http://www.hozanji.com/
◆生駒ケーブル「宝山寺駅」

15 富雄川 tomiogawa

—榁木峠から砂茶屋黒松まで—（約 3.9km）

追分本陣村井家近くの坂道。そこを曲がると歴史の扉が開くような気がする

歩き方　【街道ルート】榁木峠《むろのき》 —(150m)→**榁ノ木大師** —(800m)→警察犬訓練所過ぎの分かれ道を左 —(800m)→**追分神社** —(200m)→**追分本陣村井家**前を直進 —(左手に**追分梅林**を見ながら 400m)→奈良市水道局配水池前を左 —(第二阪奈道の上を通り 500m)→常夜灯 —(700m)→**砂茶屋地蔵** —(300m)→**砂茶屋の黒松**

【周辺の見どころ】　砂茶屋地蔵前を左 —(550m)→富雄南小学校前交差点を直進 —(250m)→霊山寺前交差点を左 —(200m)→**霊山寺**《りょうぜんじ》。帰りはバスに乗って近鉄奈良線「富雄駅」利用が便利。

info　榁木峠《むろのき》から矢田丘陵《やたきゅうりょう》を下り、富雄川を渡って砂茶屋《すなじゃや》に至るコース。榁木峠を登り切り、平坦になったと感じるとそこはもう大和郡山市（標識も何もない）。そこから先はしばらく、街道の中でも最も人気《ひとけ》のない寂しい道（自動車だけは頻繁に行き来している）。下り始めるとそこはもう奈良市。暗峠《くらがりとうげ》同様、夜間の歩行は無理なので注意したい。村井家を通り、第二阪奈道路の上を渡る。常夜灯に街道の雰囲気を感じながら田んぼの中を歩くとやがて富雄川を渡る。渡りきったところにある砂茶屋地蔵に手を合わせ、さらに進むと右手に背の高い砂茶屋の黒松が見えてくる。

見どころ

榁ノ木大師《むろのきだいし》（賢聖院《けんせいいん》）

峠を少し下ると「榁ノ木大師」の道標が目に付く。ここは暗越奈良街道の宿泊茶屋としての要地にあり、江戸時代より北和88ヶ所第2番霊場「榁の木のお大師さん」として庶民の信仰を集めていた。山門左手に大きな「むろの木」がある。正式な名称は「賢聖院」という、本尊は弘法大師修行成道立像という秘仏だ。ここは歩き疲れた旅人にはホッとする空間でもある。トイレもある。

◆大和郡山市矢田町1937

◆ TEL 0743-77-7265

◆近鉄生駒線「南生駒駅」

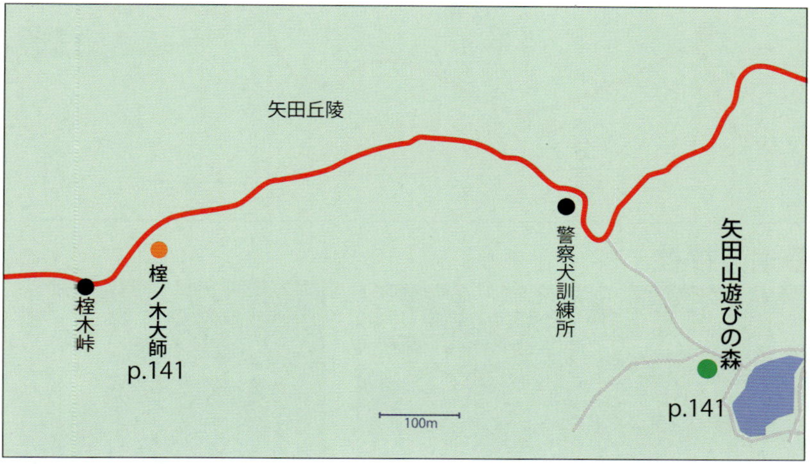

矢田山遊びの森

矢田山遊びの森は、なだらかな丘陵地にある広い自然公園で、みんなの森と子どもの森ゾーンがあり、芝生広場、休憩所や展望台も整備され、豊かな四季折々の自然の中を散策できる。また、矢田峠などいくつかのハイキングルートが通っている。

◆大和郡山市矢田町 2070
◆ TEL 0743-53-5819
◆ http://www.pref.nara.jp/dd_aspx_menuid-3064.htm
◆近鉄橿原線「近鉄郡山駅」、近鉄生駒線「南生駒駅」

今と昔の「道標」が並んで旅人の
道案内をしているのがおもしろい

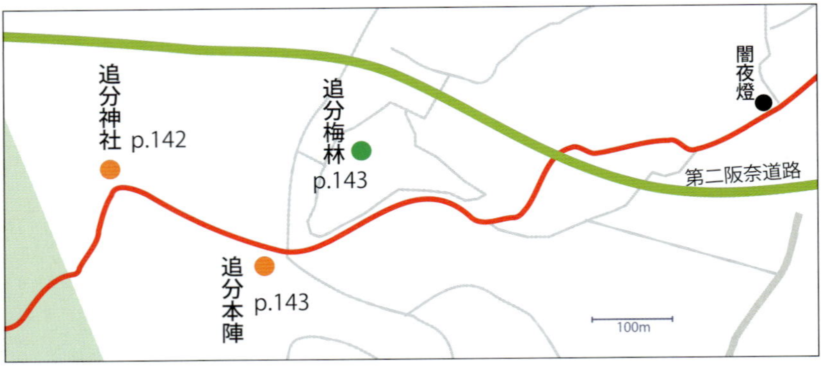

●追分神社

小さな石の鳥居をくぐって階段を
登るとカワイイお社が迎えてくれる

文化 14 年（1817）に中町の十六所神社と石木町の登彌神社の分霊を勧進したと伝えられる。例祭は毎年 10 月 10 日とされる。神社からの眺望がいい。

◆奈良市中町 3910
◆近鉄奈良線「富雄駅」

●追分本陣村井家

追分本陣村井家

大和郡山との分岐点であることから追分の本陣と呼ばれた。主屋は 19 世紀前半に建てられ、屋根が茅葺と桟瓦葺を組み合わせた大和棟形式である。宿場建築として貴重な建物であり、昭和 57 年（1984）に奈良市指定文化財となっている。また、本陣前に天保 7 年（1836）建立、向かい側に安永 2 年（1773）建立の 2 つの大きな道標がある。

◆奈良市大和田町 1912
◆ TEL 0742-34-1111（奈良市教育委員会）
◆近鉄奈良線「富雄駅」、「学園前駅」

●追分梅林

追分梅林

村井家から左へ少し下ったところにあり、10ha の敷地に約 4,000 本の梅林が広がっている。梅林組合で管理されていて、眺望もよく、シーズンには多数の観梅客が来訪し、臨時バスもでる（2011 ～ 14 年春までは土壌改良工事のため閉園中）。

◆奈良市中町 3949-9
◆ TEL 0742-47-6604（追分梅林組合）期間中のみ
◆ http://narashikanko.jp/kan_spot/kan_spot_data/w_si90.html
◆近鉄奈良線「富雄駅」、「学園前駅」、近鉄橿原線「近鉄郡山駅」

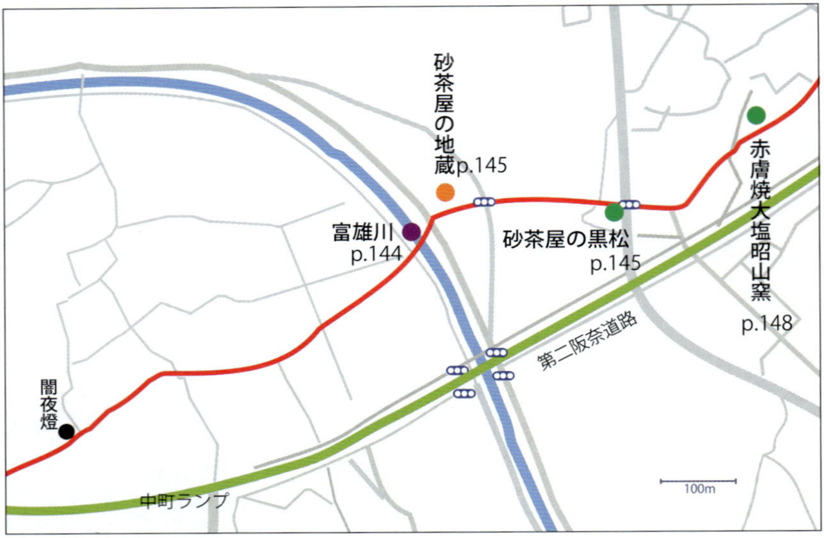

● 霊山寺《りょうせんじ》

霊山寺

富雄川沿いからもいけるが、水道局水源池から第二阪奈街道を越えて北へ約 500 mに、バラで有名な霊山寺がある。天平８年（736）創建で、本尊は薬師如来である。「霊山寺の七不思議」といって、「お寺なのになぜ朱塗りの鳥居がある？」、「お寺になぜバラ庭園？」、「二つに切られた「腰抜け地蔵」に祈ると腰痛が治る？」、「枝だけのもみじがある？」、「お寺の行基菩薩像は近鉄奈良駅の噴水にある像と同じか？」などがある。

◆奈良市中町 3879（巻頭 MAP p.28 p.29 参照）
◆入山拝観料　大人 500 円、小人 250 円
◆ TEL 0742-45-0081
◆ http://www.ryosenji.jp/

● 富雄川

富雄川

街道の山道が切れた個所に常夜灯があり、しばらく田んぼの中の小道を経て富雄川にいたる。富雄川は生駒市高山町に発

して南流し、矢田丘陵の東麓に沿って大和川まで全長 22km の河川である。富雄川はかつては「富の小川」とよばれ、古今のさまざまな祝い歌で詠まれてきた。

いかるがの　富の小川の　絶えばこそ
わが大君の　御名忘られめ（日本霊異記）

君が代は　富の小川の　水すえて
千年をふとも　絶えじとぞ思う（金葉集・巻五）

砂茶屋地蔵

砂茶屋地蔵

富雄川の下鳥見橋を渡ると東詰に交番と地蔵堂がある。台石に享保 6 年（1721）と彫られた地蔵菩薩像が安置されている。その付近に何軒かの茶屋があったようだが、「砂茶屋」の名はバス停に残るだけとなっている。

◆奈良市中町 297
◆近鉄奈良線「富雄駅」

砂茶屋の黒松

富雄川を渡って 100 mほど歩くと右手に大きな黒松が現れる。保存樹に指定されており、ずっとこの場所で街道を往来する旅人の道標となっていたのだろう。

◆奈良市中町 4886-2
◆近鉄奈良線「富雄駅」

生駒山と黒松の間に沈む夕日

砂茶屋の黒松（杉山画）

16 平城京 Heijyohkyo

―砂茶屋の黒松からＪＲ奈良駅まで―（約 6.2 Ｋm）

大極殿から朱雀門を望む

歩き方 【街道ルート】 砂茶屋の黒松 ―(400m)→**赤膚焼窯元** ―(2.3㎞)→垂仁天皇陵 ―(3.5㎞)→ JR 奈良駅

【喜光寺ルート】 赤膚焼窯元 ―(1.8㎞)→ヘアーサロンイシダ前を左 ―(240m)→二条大路（阪奈道路）の歩道橋を渡ると**喜光寺**。 喜光寺東側の道を直進 ―(200m)→**菅原天満宮**を右 ―(150m)→突き当りを右 ―(150m)→二条大路の下のトンネルを抜ける ―(150m)→突き当りが「街道」→ 【薬師寺ルート】 突き当りの家の左（東）側の路地に入る ―(70m)→**垂仁天皇陵**を左（天皇陵の外周歩道）―(1.2㎞)→天皇陵南東角を左、近鉄の線路沿 ―(450m)→突き当りを左 ―(120m)→**唐招提寺**を右 ―(520m)→薬師寺を左 ―(370m)→薬師寺入口交差点を左 ―(2.2㎞)→三条大路５丁目交差点で「街道」と交差　→

【平城京跡ルート】 三条大路５丁目交差点を直進 ―(120m)→二条大路南５丁目交差点を右　―(250m)→「和食花惣」を左 ―(道なりに 250m)→**平城京歴史館** ―(200m)→朱雀門 ―(900m)→東院庭園 ―(700m)→大極殿 ―(750m)→ 平城京跡資料館から県道に出て左 ―(850m)→二条大路南５丁目交差点を直進 ―(120m)→ 三条大路５丁目交差点で「街道」に合流

info　「あおによし　寧楽《なら》の都は　咲く花の　薫《にお》ふがごとく　今盛りなり」（小野老）　と万葉集に詠まれた平城京は、唐・長安の都城制に倣って都が造られた。和銅 3 年（710）藤原京から遷都し、都は僅か 74 年間であったが、この時期は日本という国の形態が整った時代であり、「ものの始まりは奈良から」といわれるように、国内外ともに厳しい中にも天平文化の華が開いた。

飛鳥・藤原京から移設した興福寺、元興寺、薬師寺、大安寺などや、新たに創建された東大寺、西大寺、唐招提寺、新薬師寺などの寺社を中心に「南都」として栄枯盛衰を重ね、今日に至る。その面影を現在も実感することができる。

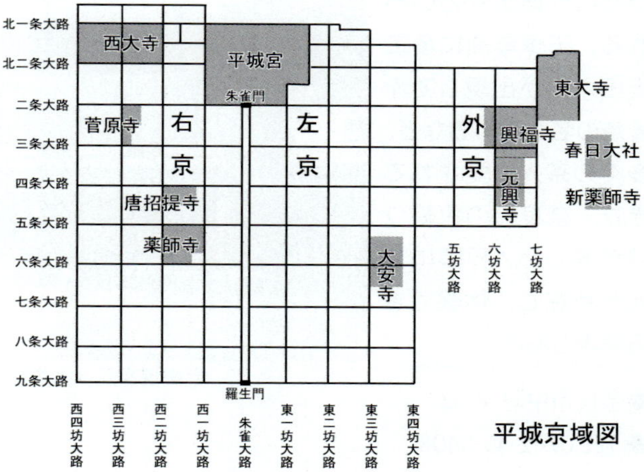

平城京域図

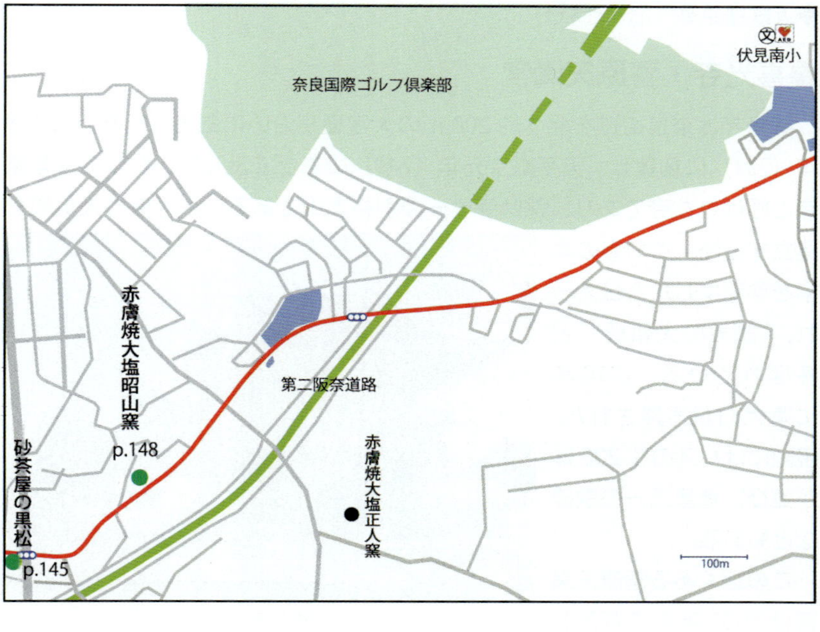

見どころ

●赤膚《あかはだ》焼窯元

平城京の西方に当たることから丘陵一帯は五条山と呼ばれ、「赤膚焼」は五条山の別名赤膚山に由来し、遠州七窯の一つに挙げられる。古来寺社の瓦などが焼かれ、赤膚焼は天正年間、郡山城主豊臣秀長が尾張から陶工を招いたのが始まりといわれる。天保年間に名工奥田木白が出現して赤膚焼の名を高めるなど、多くの茶人に愛されてきた。奈良絵の色絵つけが美しい。界隈に窯元が点在し、体験できる窯場もある。

赤膚焼窯元　大塩昭山

◆奈良市中町 4953

◆ TEL 0742-45-0408

◆ http://www.akahadayaki.com/

◆近鉄橿原線「尼ヶ辻駅」

●喜光《きこう》寺・菅原天満宮

喜光寺は奈良街道を北へ約 200 mの大宮通り沿いにある。行基が養老 5 年（721）に創建し、天平感宝元年（749）にここで没した。かつては菅原寺と呼ばれた寺であり、薬師寺唯一の別格本山である。東大寺の大仏殿を建立する際、この寺の本堂を参考にしたと伝えられ、「試みの大仏殿」と呼ばれている。2010 年に南大門が再建された。境内にはハスの花 200 鉢が並び、會津八一の歌碑などもある。

喜光寺

この近くある菅原天満宮は 2002 年まで菅原神

社といった。創建は分からないが、延喜式神名帳に載っている。この一帯はかつて菅原邑と呼ばれ、菅原道真の生誕地との言い伝えがあり、祭神の1人とされている。最近「うそ替え神事」も行われている。

◆奈良市菅原町 508
◆拝観時間　9:00 〜 16:30（通常）　華蓮時 7 月中の土日は 7:00 〜 16:30
◆拝観料　大人 500 円・小人 300 円
◆ TEL 0742-45-4630
◆ http://www.kikouji.com/
◆近鉄橿原線「尼ヶ辻駅」

●垂仁《すいにん》天皇陵

近鉄尼ヶ辻《あまがつじ》駅の手前に、周囲を濠で囲まれた前方後円墳が所在している。全長 227 m あり、第 11 代垂仁天皇陵といわれるが、史実はともかくとして端正な古墳である。菅原伏見東陵とも呼ばれる。

◆奈良市尼ヶ辻西町
◆ TEL 0744-22-3338
◆近鉄橿原線「尼ヶ辻駅」

垂仁天皇稜

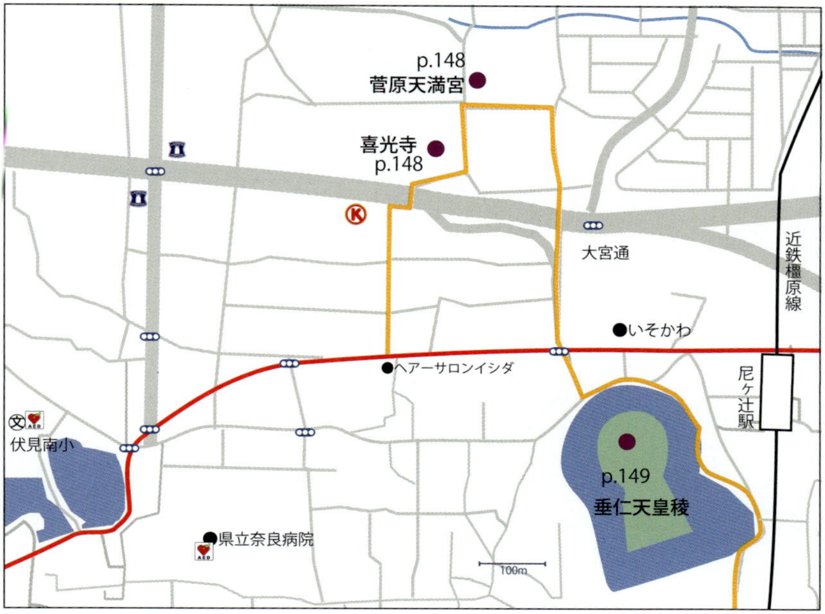

●唐招提寺《とうしょうだいじ》

唐招提寺

近鉄尼ヶ辻駅の踏切を渡って時間があれば、寄り道をして南へ600 mのところに名刹唐招提寺がある。多くの苦難のうえ、日本に至った鑑真大和上は、新田部親王の旧宅地を提供され、天平宝字３年（759）戒律を学ぶ人のために修行道場を開いた。順次整備され、金堂、講堂など天平の趣きを今に伝える。南都六宗の１つである律宗の総本山であり、1998年「古都奈良の文化財」の世界遺産に登録された。5月19日の「うちわまき」でよく知られ、境内には芭蕉の鑑真を偲んだ「若葉して　おん目の雫　拭はばや」の句碑がある。

◆奈良市五条町 13-46
◆拝観時間　8:00 ～ 17:00（受付は～ 16:30）
◆拝観料　大人・大学生 600 円、高校・中学生 400 円、小学生 200 円
◆ TEL 0742-33-7900
◆ http://www.toshodaiji.jp/
◆近鉄橿原線「西ノ京駅」

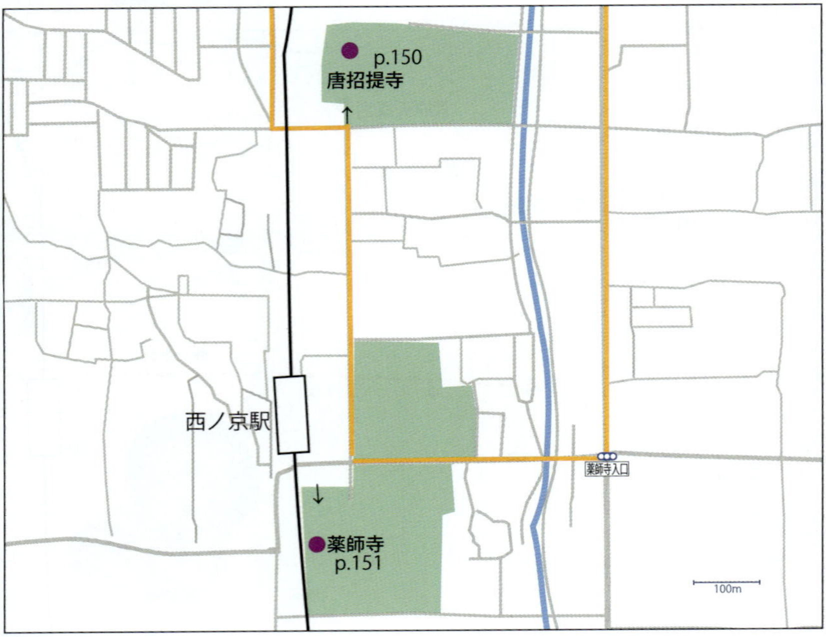

薬師寺《やくしじ》

唐招提寺の南 500 mに法相宗の大本山の薬師寺が立地する。本尊は持統天皇によって開眼された薬師三尊で、養老２年（718）藤原京から移設する。世界遺産。東西両塔が美しく望まれる。１月の若草山の山焼きの際、両塔越しのカメラアングルが人気である。春の花会式(修二会)も有名で、広い境内には 1991 年に建立された玄奘三蔵院伽藍と玄奘塔北側に平成３年(2000)に平山郁夫画伯が入魂した「大唐西域壁画」殿や写経道場がある。

薬師寺

◆奈良市西ノ京町 457

◆拝観時間　8:30 ～ 17:00（受付は～ 16:30）

◆拝観料　大人 500 円・中高生 400 円・小学生 200 円(玄奘三蔵院伽藍閉鎖時)
大人 800 円・中高生 700 円・小学生 300 円(玄奘三蔵院伽藍公開時)

◆ TEL 0742-33-6001

◆ http://www.nara-yakushiji.com/

◆近鉄橿原線「西ノ京駅」

平城宮跡

平城宮大極殿

唐・長安《ちょうあん》の都城制に倣って平城《へいじょう》の地に条坊制《じょうぼうせい》による都が建てられ、和銅３年（710）藤原京から遷都した。三方が山に囲まれ南に広がる立地で、王宮はその北辺に位置した。

南北 4.8㎞、東西 4.3㎞の長方形に、東側に南北 2.5 ｋｍ、東西 1.5 ｋｍと張り出し、南に外国の使節を迎える羅城門が建てられ、そこから北へ平城宮に向けて幅約 74 mの朱雀大路が通じていた。国事多難ながら「ものの始まりは奈良から」といわれるように天平文化の華が開いた。しかし、延暦3年（784）長岡京、延暦13年（794）平安京への遷都により、平城京は100年ほどの間にほとんどが田畑となっていった。幕末になって北浦定政が、その後　関野貞、棚田嘉十郎らが、その痕跡を発見していった。そして大正13年（1924）、平城宮の発掘調査が始まり、現在も奈良国立文化財研究所が発掘を継続している。

平成10年（1998）「古都奈良の文化財」の1つとして世界遺産に登録された。また平成12年（2010）、平城宮跡をメイン会場として平城遷都1300年祭が盛大に催された。

◆奈良市佐紀町
◆開門時間（共通）　9:00 ～ 16:30（入場は16:00まで）
◆休み　月曜日（月曜が祝日の場合はその翌日）　年末年始　その他特別の場合、門の中に入れないだけで外側から見学は自由にできます。
◆ TEL 0742-25-2010
◆ http://heijo-kyo.com/
◆最寄駅　近鉄奈良線大和「西大寺駅」

平城京歴史館

大陸との交流により発展した我が国の国づくりの歴史や往時の文化・暮らしに焦点を当てたテーマ展示。ストーリー仕立ての映像展示などで、わかりやすく解説している。これから廻る平城宮跡についての予備知識を得られる。
◆入場料　一般500円、大学・高校生250円、子供200円

朱雀門

平成10年（1998）、発掘調査や同時代の建築物を参考にして復元された平城宮の正門。その前では外国使節の送迎を行ったり、大勢の人達が集まって歌垣などを行ったりした。朱雀門の左右には高さ5.5mの築地がめぐり、130haの広さの宮城を取り囲んでいた。

第一次大極殿

平成22年（2010）に、朱雀門同様に復元された平城宮最大の建造物。正面約44m、側面約20m、地面より高さ約27m。直径70cmの朱色の柱44本、屋根瓦約9万7000枚を使われている。当時、天皇の即位式や外国使節との面会などに使用された。
◆入場料　無料

東院庭園

平城宮は他の都城とは異なり、東に張出し部を持っている。この南半分は

皇太子の宮殿があった場所で、「東宮」あるいは「東院」と呼ばれていた。東院庭園の南東の端に東西 60m、南北 60m の池があり、これを中心に庭園が造られていた。この庭が復元されている。

◆入場料　無料

平城宮跡資料館と遺構展示館

奈良文化財研究所によるこれまでの発掘調査の結果をわかりやすく説明している。また実際の遺構を見たいなら大極殿の右隣の「遺構展示館」に行こう。

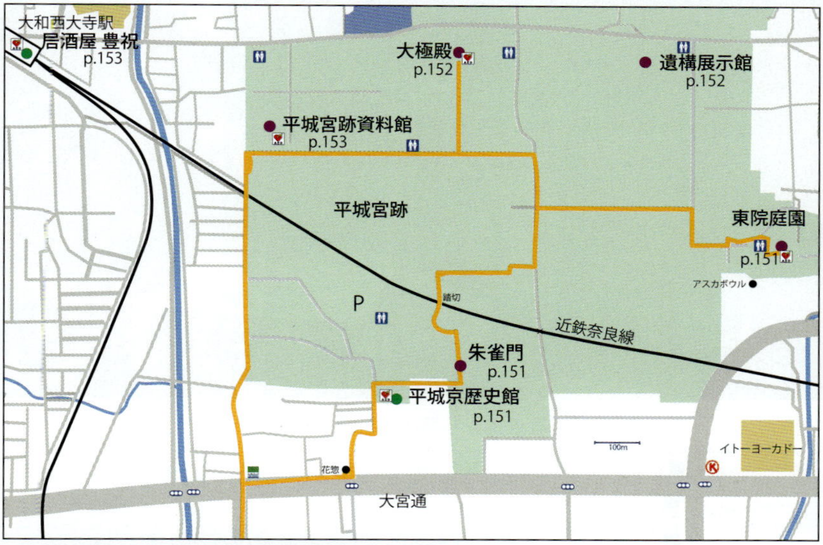

蔵元豊祝

食べ処 ●蔵元 豊祝《ほうしゅく》

近鉄西大寺駅中には奈良のお土産物の名店がそろう Time's Place Saidaiji がある。その一番奥にあるのが蔵元豊祝だ。「豊祝」とは奈良の地酒の一つであり、ここはその酒造メーカー直営店なのだ。季節により出来立ての新酒が提供される。つまみも「おばんざい」風にカウンターに並べられ、毎日のように内容が変わる。いずれも一手間加えられた秀逸な味！しかも、ワンコインでつまみ付きで一杯呑めるのが嬉しい。

◆奈良市西大寺国見町一丁目 近鉄大和西大寺駅 Time's Place Saidaiji 内
◆営業時間　11:30 ～ 14:00 椅子あり 、16:00 ～ 21:30 立ち飲みのみ
◆ TEL 0742-36-0305

17 春日大社と奈良町

kasugataisya & naramachi

―JR 奈良駅から春日大社まで―（約 6.3 Ｋｍ）

猿沢池から興福寺五重塔を望む

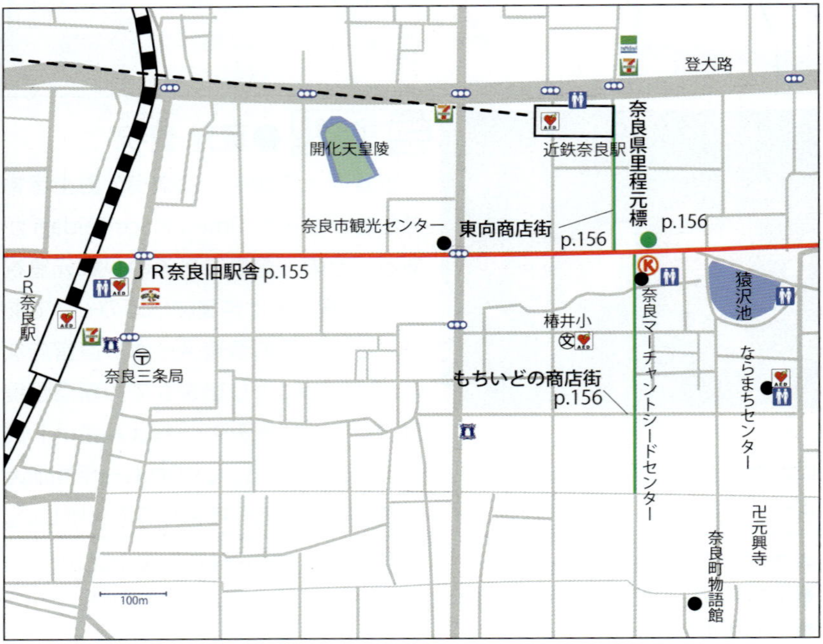

歩き方 【街道ルート】JR 奈良駅 ─(780m)→**東向商店街・もちいどの商店街** ─(50m) →**奈良県道路元標** ─(3.5㎞)→**興福寺** ─(400m)→**春日大社**

【周辺の見どころ】奈良公園（興福寺より東に進めばいつの間にか公園に入っている）、 東大寺（奈良国立博物館を過ぎた四辻を左）、 若草山（春日大社から北上、または東大寺南大門から東へ、三笠観光会館前が登山口）

info 平城京を後に若草山を遠望しながら街道を東に進み、奈良の中心市街地を抜けて終点の春日大社に入る。平城京からＪＲ奈良駅までは開発整備された道路で特に見所はないが、ＪＲ奈良駅を越えて繁華街三条通商店街に入ると、建ち並ぶ店舗の合間に昔ながらの趣を残す奈良漬や奈良墨、筆、奈良団扇などの老舗を楽しめる。南北に伸びる東向き商店街、もちいどの商店街との交差点を過ぎれば、すぐ右手に猿沢池が見える。街道から少し離れるが猿沢池の南側からは、池の背景に興福寺の五重塔を望むと奈良らしい美しい景観が広がる。猿沢池周辺からその南側の一帯は「ならまち」と呼ばれ、平城京とともに整備された奈良の市街地の中心で、江戸末期から昭和初期にかけての町家が残っていて往時の趣を伝えている。興福寺から奈良公園をまっすぐ進むと一の鳥居、二の鳥居を経て春日大社へと辿りつく。

見どころ

●ＪＲ奈良旧駅舎

ＪＲ奈良旧駅舎

昭和９年（1934）にできた駅舎で、その後何度も増改築されて現在の形となった。ＪＲ奈良駅周辺地区の整備事業に伴って取り壊しの危機にあったが、平成16年 (2004) に曳き家工法により、北東へ 18 メートル、反時計回りに 13 度位置を変えて現在位置に落ち着き、平成 19 年 (2007) より奈良市観光案内所として再出発した。休憩所としては使えるが飲食禁止。なお、トイレは隣の新駅舎との間にある。

◆奈良市三条本町 1
◆開館時間　9:00 ～ 21:00
◆ TEL 0742-27-2223
◆ JR「奈良駅」

●東向《ひがしむき》商店街と
もちいどの商店街

三条通りから東向通り入口を望む

「東向通り」の名は、中世には勢力を誇っていた興福寺は伽藍の近辺に商家を作らせず、東向きの人家が立ち並ぶだけだったことに由来する。大正４年に鉄道駅が敷設されてにぎわうようになり、現在の商店街となった。餅飯殿《もちいどの》の町名の由来については種々の伝承があるが、一説には延喜年間（10世紀初期）に醍醐寺の理源大師が大峰山に入峯の際、町人たちが餅飯を持って随行して土地の人にふるまったことから「もちいどの」と呼ばれるようになったという。

◆奈良市東向中町 15 番地
◆ TEL 0742-24-4986
◆ http://higashimuki.jp/
◆近鉄奈良線「近鉄奈良駅」

●奈良県里程元標

奈良県里程元標

この「奈良県里程元標」は京都、大阪、伊勢へと通じる奈良の基点としての道標。明治 22 年（1889）に　もちいどの商店街の入口に立てられたものを橋本町自治会が復元したものである。西へは暗越街道が、南へは昔の伊勢街道が伸びる。京都へは東へ向かい一の鳥居の前で北へ折れる。元標の背後には同自治会によって御高札場も再現されており興味深い。また、隣には奈良市道路元標が移設されている。

◆奈良市橋本町 11
◆近鉄奈良線「近鉄奈良駅」

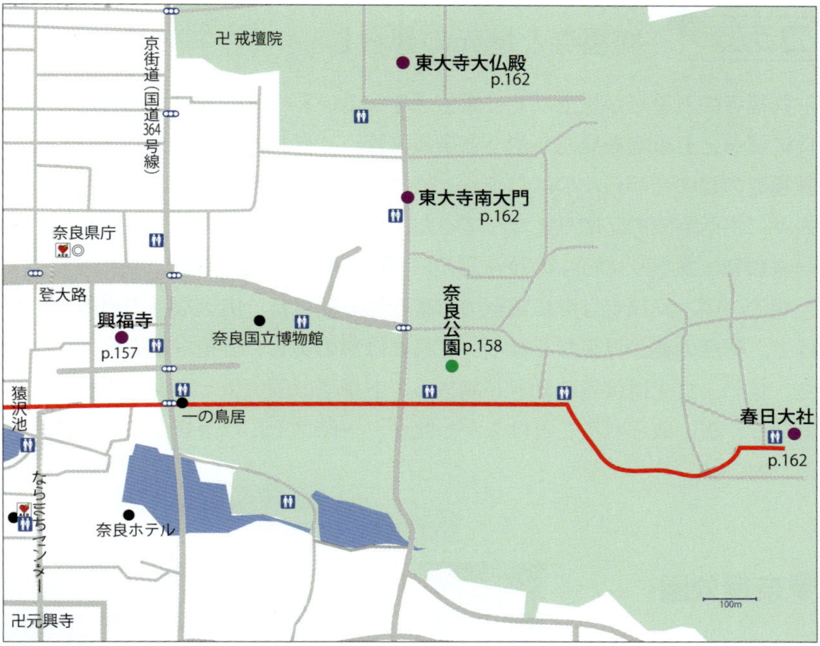

興福寺

起源は天智朝の山背国の山階寺で、壬申の乱（675年）の後に都が飛鳥にもどった際には厩坂寺となった。その後平城遷都とともに、興福寺となった。中世には藤原家の氏寺として勢力を誇り、大和国の守護の地位にあった。戦乱を経て江戸期には徳川政権の下で制限を受けたが、奈良の町の中心に位置して信仰を集めてきた。近年は、国宝館に収蔵される阿修羅像がブームを巻き起こしている。

興福寺

◆奈良市登大路町48
◆拝観時間　9:00～17:00
（入館は～16:45）
◆拝観料　大人600円、
学生500円、小人200円
◆ TEL 0742-22-7755
◆ http://www.kohfukuji.com/
◆近鉄奈良線「近鉄奈良駅」

コラム　興福寺と地元の暮らし

興福寺の五重塔が見上げて日常生活をしている地元の人は、他府県から奈良に戻ると五重塔を見たらやっと奈良に帰ってきたと「ほっとする」と言う。興福寺の鐘の音が日々のはじまりと終わりをつげ、奈良の旧市街地に暮らす人々に生活時間の区切りとなってきた。興福寺の南円堂の横に祀られている一言観音にお参りに行くのが一日の日課にされている人も多い。

明治の頃、興福寺は廃仏毀釈の影響を強く受けた。広大な寺の境内は荒れはて、僧侶の姿が見えなくなり、さらにはあの美しい五重塔が売りに出された。結局、文化財保護の動きが高まって五重塔は国によって保存されることとなり、買い取られることはなかったが、一時はそんな憂き目にあったとは信じ難い。

●奈良公園

奈良公園

明治になって、旧市街の中心に広がる興福寺が廃仏毀釈によって荒れ果てていた。この惨状を憂いだ地元の有志が知事に願い出て、興福寺旧境内と春日山を " 公園 " することが決まった。無名の儒学者が考えた公園のコンセプト「天然の古色蒼然たる風景を存し、鹿鳴呦々、人を古今の感にたえざらしむ」が採用され、以来、人工的・装飾的な美を排除する方針が引き継がれている。開設は明治 13 年（1880）、502.38ha、松林に天然の芝生が広がり、これは刈り込まなくても鹿が刈りそろえる。神社仏閣とともに国立博物館や植物園なども楽しめる。

◆所在地　奈良市雑司町

◆休み　なし

◆入場　無料

◆近鉄奈良線「近鉄奈良駅」

コラム 奈良町の発展と街道

奈良の見どころとして、奈良公園と神社仏閣はもちろんのこと、大寺院の繁栄とともに形成されてきた町も興味深い。都が移った後は平城京街区のほとんどが田畑となったが、興福寺、元興寺、東大寺が建立された外京には商工業者が集まり、墨や筆づくりなど神社仏閣に関わる産業が発展した。中世の戦乱は多くの寺社の焼失を招き、興福寺、東大寺とともに、興福寺と並ぶほどの広大な敷地を持っていた元興寺も伽藍のほとんどを失った。興福寺は藤原氏の財力で再建を果たしたが、蘇我氏を後ろ楯としていた元興寺は復興を果たせず、人々の生活が敷地を侵食していった。生活の場を得て力を伸ばしていった商工業者は郷を形成し、人口が増加してやがて町へと発展した。こうして、南都と呼ばれる商工業都市・奈良町が生成された。江戸時代、晒産業の最盛期には、奈良町で茶道や能をはじめとする文化が育まれてにぎわった。能は奈良が発祥の地で、能舞台がある町家形式の個人宅が現存する。

江戸期中ごろには晒産業は勢いを失ったが、ちょうどこの頃から伊勢参りがさかんとなり、奈良町は大坂、京都から伊勢への街道筋にあったことで賑わっていた。加えて、戦乱で消失した東大寺が再建されて大仏の開眼供養が盛大に行われたことから、奈良町では宿がまったく足りず、旅人を宿以外でも泊めるよう御触れが出るほどとなった。奈良の大仏見物は広く知られるところとなり、今で言う観光都市・奈良の素地ができていった。かつて元興寺の伽藍があった街道筋は旅人相手の商売とともに、大坂、京都、奈良南部の農村、東の柳生街道の結節点として、さまざま物資で賑わった。大正時代に鉄道駅ができたことによって街道筋は衰退したが、昭和55年（1980）頃から町並み保存の活動が広がり、現在は町家が残る落ち着きが感じられる町並みが保たれて、趣がある店舗や観光施設を巡ることができる。

奈良町にある“奈良町物語館”。１Ｆはフリースペースでギャラリーやコンサート会場として利用されている。

絵図屋庄八が発行した奈良案内図の天保 15 年版。「南都七大寺」や「奈良八景」とともに、各方位への距離が紹介されている。

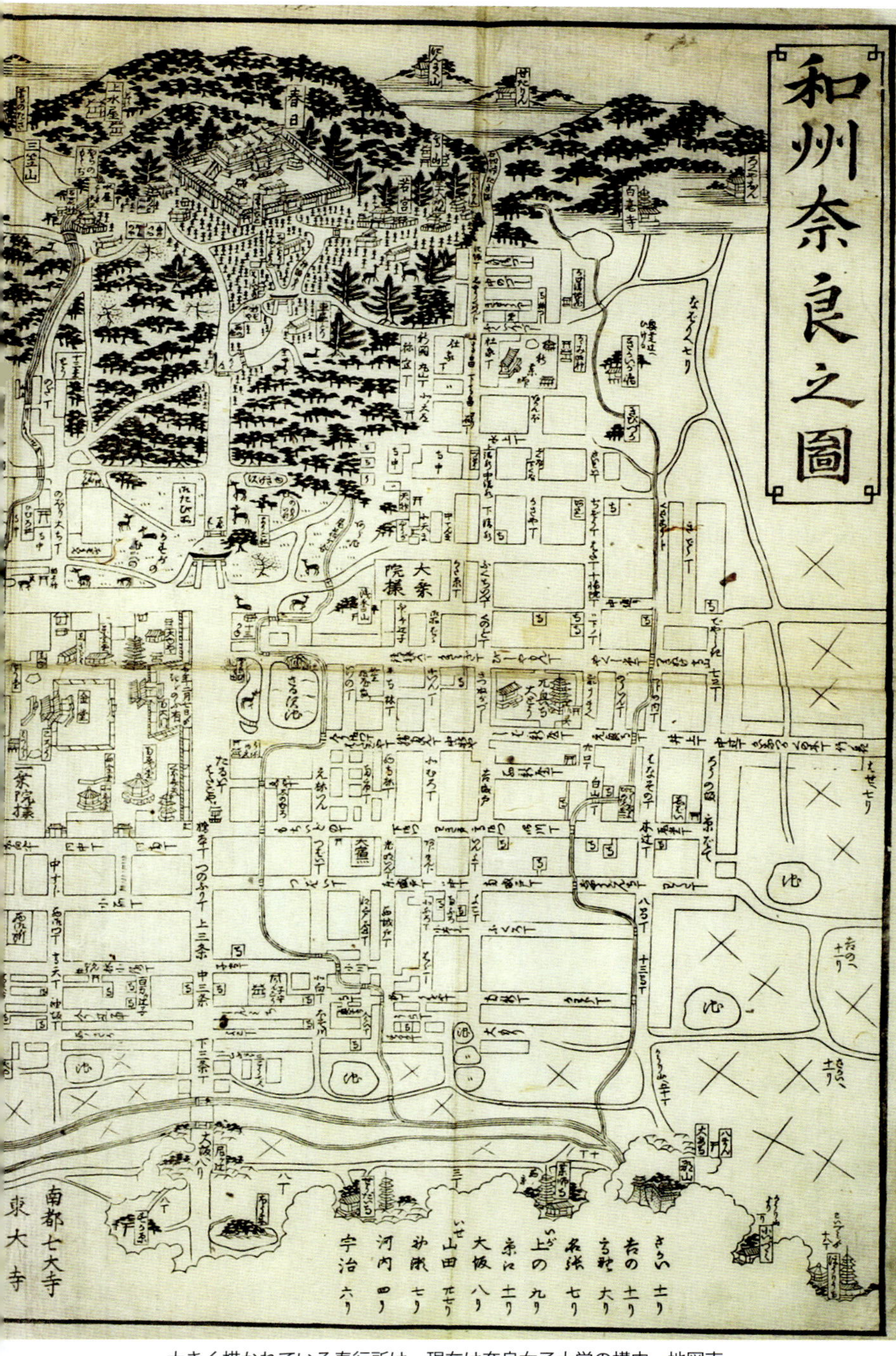

大きく描かれている奉行所は、現在は奈良女子大学の構内。地図南側には焼失して現存しない元興寺の大塔も見られる。

●東大寺

東大寺大仏殿

国の安泰を願う聖武天皇の勅願により国力をあげて造営され、天平勝宝４年（752）に大仏殿が完成。以降、堂塔が長年にわたり建築された。しかし、中世には戦乱によって大仏殿と伽藍が焼失、重源上人によって再興されるも、戦国時代に再び焼失。大仏が野ざらしになる状態がしばらく続いたが、江戸時代に再建された。奈良の世界遺産の一つ。

◆奈良市雑司町 406-1
◆拝観時間　11 ～ 2 月：8:00 ～ 16:30、3 月：8:00 ～ 17:00、4 ～ 9 月：7:30 ～ 17:30、10 月：7:30 ～ 17:00
◆入堂料　大人 500 円、小人 300 円
◆ TEL 0742-22-5511
◆ http://www.todaiji.or.jp/
◆近鉄奈良線「近鉄奈良駅」

●春日大社

春日大社

藤原不比等が藤原氏の氏神として創建。奈良町の水源でもある御蓋山（春日山）の中腹に位置する。平城京遷都の際に、現在の茨城県にある鹿島神宮から武甕槌命《タケミカヅチノミコト》を春日山に招いた。さらに、現千葉県の香取神宮から経津主命《ふつぬしのかみ》を、大阪府の枚岡神社（p.111 参照）から天児屋根命《アメノコヤネノミコト》と比売神《ヒメノカミ》を招いて４柱としている。天児屋根命と比売神の御子神を御祭神とする若宮おん祭は、奈良の年中行事の一つとして 12 月に盛大に行われる。奈良の世界遺産の一つ。

◆奈良市春日野町 160

◆開門時間　夏期（4 月～ 10 月）6:30 ～ 17:30

　　　　　　冬期（11 月～ 3 月）7:00 ～ 16:30

◆拝観料（宝仏殿）　大人 400 円、高校・中学生 300 円、小人 200 円

◆ TEL 0742-22-7788

◆ http://www.kasugataisha.or.jp/

◆近鉄奈良線「近鉄奈良駅」

奈良のお寺へ行くなら正面から行かない方がいいかもしれない。
回り道をすればこの街は色々な表情を見せてくれるから・・・

若草山

●若草山

　春日大社まで来たら是非、若草山に登ろう。今辿って来た街道が見渡せるだろう。平城京から生駒山、想像を働かせて難波宮や難波津まで想いを馳せてみよう。ただし、春３ヶ月、秋２ヶ月のみ登ることができる。また１月の第四土曜日、若草山の山焼きがある。

◆奈良市雑司町 469

◆ TEL 0742-22-0375　（奈良公園管理事務所）

◆開山期間　３月第３土曜日から 12 月第２日曜日（変更の場合がある）

◆ 午前 9：00 ～午後 5：00（臨時開山を除く）

◆大人 150 円　　小人（３歳以上）80 円

◆ http://narashikanko.jp/kan_spot/kan_spot_data/w_si43.html

◆近鉄奈良線「近鉄奈良駅」

コラム　平城京のころの奈良町に伝わる中将姫伝説

都が平城京の頃、右大臣藤原豊成公の娘、奈良に伝わる伝説の才媛中将姫が誕生した。中将姫は美貌と才能に恵まれたが、それを妬んだ継母の暗殺を逃れて出家し、當麻寺（奈良県當麻町）で29歳という若さで生涯を終えた。中将姫伝説は、奈良では時折劇となって演じられている。また、當麻寺には中将姫が織ったとされる蓮糸の曼荼羅が今も残っている。

中将姫像（徳融寺 蔵）

中将姫の生まれ育った地である奈良町には、縁の寺がいくつかある。父・豊成公の旧邸宅である徳融寺の一郭に豊成公の墓があり、また中将姫が継子苛めにあっていた庭も残っている。徳融寺同様邸宅であった誕生寺には、産湯に使われた井戸が有り、中将姫、豊成公、実母の紫の前の御殿が並置されたことから三棟殿があることから三棟《みつむね》町と町名がついている。

家出までを過ごしたとされる花園町は、中将姫が幼い頃、屋敷の裏から望めば花の園が広がって紫の前と花を摘んで楽しい日々を過したことからその町名に成ったらしい。花園町の高林寺には父豊成公暮塔が残っている。紫の前、死後、中将姫は奈良町を離れて、當麻寺で法如尼と改めて曼荼羅を織った。曼荼羅を織るのに使った蓮糸は暗峠を越えた東大阪市の大蓮《おばつじ》から蓮の茎を集めて當麻寺まで届けさせた、という説がある。

中将姫の墓（徳融寺）

特集　失われていく街道風景

暗越奈良街道を数年おいて再び歩いてみると、いつの間にか消えてしまった″風景″があることに気づく。貴重な「文化財」が目の前から消えていくのは、寂しい限りである。これ以上の消失をくい止めるために、何らかの行動を起こさなければならないことは事実だ。ここでは実際に失われてしまった″風景″を紹介し、また失われてしまいそうな″風景″についても考えてみたい。

失われた″風景″① 街道供養塔

行き倒れになった旅人への供養碑が寛政6年（1794）に建てられていた。この塔の裏（陰碑）に長栄寺の中興の祖、慈雲尊者の供養碑文が刻み込まれていた。しかしこの供養碑は、残念ながら平成21年（2009）には消失しており、写真のように空地になり、今は建て売り住宅になってしまった。

before

after

失われた″風景″② 舟板塀の民家

菱江に入ると″河内の国″を感じさせる舟板塀の民家を見受けた。平成22年（2010）にこの民家は壊され別の建売住宅に変わってしまった。

before

after

失われた″風景″③ 旧松原宿の宿屋

この茅葺屋根の家はもと「サイトウ」の屋号をもつ旧松原宿の宿屋だった。住人の話では、祖母が昭和初めに嫁入りした時には既に建っていたという。（「東大阪市の建築物」から） 旧宿場の情景を残す貴重な建物だったが、残念ながら平成20年（2008）に取り壊され、駐車場になってしまった。

before

after

失われそうな″風景″① 旧大阪砲兵工廠・旧第四師団司令本部

昭和56年（1981）旧大阪砲兵工廠に奇跡的に残された本館は、大阪城ホール建設にともなって破壊されてしまった。残る旧門衛所と旧理化学研究所も現在、何の手入れもされず廃墟となっている。同様に大阪城の隣にある旧第四師団司令本部（旧市立美術館）の壮大な建物も廃墟化しつつある。声を上げなければ破壊されることは必至だ。

旧第四師団司令本部（旧市立美術館）

旧理化学研究所

失われそうな″風景″② 石仏

とくに生駒、奈良側では、路傍の石像の中には十分に管理ができていないものが多い。それが自然だ、という意見もあるが、窃盗や破壊への何らかの対策考える時期に来ているのかもしれない。

■第３回 暗越《くらがりごえ》奈良街道サミット パネルディスカッション

テーマ
「平城京~暗越奈良街道~難波宮の魅力を未来につなぐ」

と　き：2010年10月9日（日）14:40 ～ 16:40
ところ：ならまちセンター　市民ホール
パネリスト (敬称略、紹介順)
　鐵東《てっとう》貴和　(エヌ・アイ・プランニング代表取締役)
　中田紀子　(エッセイスト)
　好井國治　(NPO 法人奈良県レクリエーション協会専務理事)
　仲川げん　(奈良市長)
コーディネーター
　初谷　勇　(大阪商業大学教授)
司　会
　羽原亜紀　（ならどっとＦＭ）

司会　皆様、お待たせしました。「平城京～暗越奈良街道～難波宮の魅力を未来につなぐ」、パネルディスカッションを開催させていただきたいと思います。パネリストの皆様、お入り下さい。本日のパネリストとコーディネーターの皆様をご紹介させていただきます。まず、パネリスト席右側から、エヌ・アイ・プランニング代表取締役の鐵東貴和さんです（拍手）。続きまして奈良市長の仲川げんさんです。

仲川　仲川でございます。（拍手）

司会　続きまして、エッセイストの中田紀子さんです（拍手）。続きまして、奈良県レクリエーション協会専務理事の好井國治さんです。

好井　好井です。（拍手）

司会　そして、みなさま向かって左側、本日のコーディネーター、大阪商業大学教授の初谷勇先生です。

奈良サミット会場の様子

初谷　初谷でございます。よろしくお願いします。(拍手)

司会　それでは、司会をよろしくお願いいたします。

初谷　では、早速パネルディスカッションを始めさせていただきたいと思います。私は普段、地域ブランドやNPO政策について教育や研究をしておりますが、今回のサミットを奈良まちづくりセンターと共催しています「暗越奈良街道クラブ」の活動には、発足以来参加させていただいております。よろしくお願いいたします。

今、上野誠先生の「万葉集から展望する～暗越奈良街道の往来」、素晴しいご講演でしたけれども、特に、「その土地の持つ物語を紡ぎ出す」とか、この「場所の物語というものに対して、いかに満足度を高めていくかということが、これからの時代、大事ではないか」という結びなどは、まさに今日集まっております私たちの趣旨にもぴったりかなうお話だったと思います。

今日は、このサミットのために、4人のパネリストの皆様に駆けつけていただいておりまして、これから皆様とともに、平城京と難波宮、古代の二つの都を繋ぐ街道の空間の魅力を語り合い、未来につなげていきたいなと考えております。お手元にお配りしております冊子の表紙のイラストは、この街道を軸にして大阪、東大阪、生駒、奈良という四つの市をかたどって描いたものですが、これら4市の周辺にも、たくさんの市や町が連なっておりますので、「街道空間」を広くとらえていきたいと思います。

初谷　勇氏

今日の冒頭に、室理事長さんから、街道クラブのねらいを少しお話になりました。パネルの前提としてそのポイントだけ申し上げますと、この街道の暮らしとか、生業、景観や、芸能、文芸、歴史などに関わる「モノ」や「コト」、それから上野先生のお言葉を借りれば「物語」ですけれども、そうしたものを再発見して、地域の資源を発掘し、再評価するネットワークを育てていきたい。そういう願いで始まった取り組みですね。

暗越奈良街道は大阪・高麗橋を起点としますが、そのすぐ近くの玉造で、一昨年の秋に第1回目のサミットをいたしまして、昨年秋の第2回目は生駒で開催しました。そして今年、遷都1300年で沸いておりますこの奈良にたどりついたというわけです。

◆ 三つの話題を

そこで、今日のサミットのパネルディスカッションでは、時間の許す限り、大きく次の三つぐらいのことを話題にできればと思っております。一つ目は、パネリストの皆様方が、それぞれお感じになっていらっしゃる街道空間の魅力がどこにあるのか。二つ目に、そうした街道空間の魅力に磨きをかけてさらに光を放つように育てていくためにはどのようにするべきなのか。そのために今、障害になっていることとして、何を乗り越えないといけないのか、お気づきのことを語っていただきたい。そして、三つ目には、ぜひ、それぞれのご経験から、この街道空間というものを際立たせ、盛り立てていくためのアイデアをお聞かせいただけたらと思います。

とはいえ、街道歩きの楽しみと同じく、歩いているうちに面白い脇道があれば寄り道をするように、面白い話題になりましたら、そこに分け入って、今の三つの点にとらわれないで、お話を進めていくかもしれません。それでは前置きはこれぐらいにいたしまして、早速、出発したいと思います。

まず、パネリストの皆様に、自己紹介を兼ねまして、この大阪から奈良まで四つの市を結ぶ街道空間やこの界隈についての思い出ですとか、実際に往来されたご経験から感じたこと、気づいたことなどを語っていただければと思います。

最初に、大阪と奈良を結ぶ峠は、今では100近くあるそうですけれども、その内の74の峠を自ら踏破されまして、そして立派な『奈良大和の峠物語』（東方出版）というご著書にもまとめられ、街道にまつわる過去から近代、現代に至る歴史や文化に大変お詳しいエッセイストの中田さんから口火を切っていただきたいと思います。お願いいたします。

◆峠歩きの魅力は茶屋の文化

中田　ご紹介いただきました中田紀子と申します。私が峠越えをしようと思ったのは20年前でした。当時はもっと細くて体重が10キロ程軽かったのですけれど（笑）、その大変な峠、県境、府境を越えました。

中田紀子 氏

本にしましたのは74の峠ですが、実際に越えましたのはもう100以上あります。今はもう廃道になりかけているような所も1人で歩きました。「よくぞ1人で歩いたな」と、皆さんによく言われるのですが、おかげさまで何の危険な目にも遭わずに踏破することができまして、それで74の峠を本にさせていただいたということです。

普段の日常生活は私も車で移動することが多いのですが、車というのは点から点をつなぐ交通手段で、いかに早く着くかということだと思いますが、歩くという行為は、道端に咲いている小さな花ですとか、冬から春の芽吹きとか、それこそ土の匂い、風、季節の到来など、いろんなものを、五感を通して感じることができます。同時に、時代を遡ることができる、それが歩くことのよさでしょうか。

昨今、峠というのは、忘れ去られようとしている所があるのは確かです。廃道になっているところもたくさんあります。それはトンネルが原因の場合が多い。新しい道ができると、今までクネクネと曲がっていた道が大体直線になる。峠というのは山の頂上よりも、鞍部を通るわけですが、それが切り通しになって最短距離を車で行くような、現代生活に都合のよい形に道は変化してきています。

そうした峠で、私が魅力を感じるのは「茶屋」なのですね。峠と文化の関わりというのをずっと研究しておりまして、文化には茶屋文化、地蔵文化、丁（町）石文化などいろいろあります。その中で、一番の興味は「茶屋文化」。

茶屋の原型は、文字通り茶を供することです。

はじめは水分の補給場としての意味が大きかったのですが、次第に菓子が加わっていきます。江戸中期以降は砂糖を用いた飴が使われるようになります。そして、餅や団子、饅頭の類が特に受けるようになります。甘味は徒歩で体が消耗しがちな旅人にとって何よりの滋養食であったのです。街道筋や寺社の門前にも旅人相手の休憩場として茶屋がありますが、峠の茶屋は峠あるいは少し下がったところに小屋掛けしてありました。

古代、中世以前の旅は難行苦行、旅の安全というものは保証されていませんでした。それこそ死を覚悟して行かなくてはならなかった、そういう時代だったわけです。そのときに、峠であるいは川筋で何をしたかというと、旅の出発にあたり「水盃」を酌み交わしました。「もう、帰って来られないかもしれない」と、訣別の儀式をしたのです。そして、近世、旅が安全になり大衆化するにつれて、水盃の意味が形だけ残り、祝宴に転じ「酒送り」となりました。また、旅から帰る人の「酒迎え」も行事化しました。そして、旅立ちには「わらじ銭」がつきものでした。僅かな旅費のことですが、送る者が旅のはなむけに路銀を用意したのです。それがあったから旅が可能だったという見方もできるわけです。現在の「餞別」はこの「わらじ銭」の習慣を伝えたものです。

茶屋では他に昼食も提供しています。日本の茶屋の特徴というのは、そこでの飲酒が相当に盛んだったということです。昼食のおかずを肴にお酒を呑む。そもそもお酒は「百薬の長」ともいいます。日本酒は糖度が高い、ゆえにお酒の味を誉めるのに「甘露」と言いますが、茶屋にお酒が出されたのは、砂糖を加えたお菓子と同様に、その甘味が旅人の疲れをいやす効果があったからでしょう。

今、なかなか茶屋というのは発見することはできません。石切峠の茶店は古くから続いていますが、暗峠の茶屋は今はありますが、私が峠取材で歩いた20年前にはありませんでした。できたらいいな、と思っていましたところ平成9年に、茶屋が復活して嬉しく思っています。峠歩きの魅力は、休憩場としてある茶屋でお茶をする、あるいはお団子やお饅頭を食べることができること。江戸中期以降茶店で飴がでてきますが、当時砂糖はまだ貴重で、上流階級を除けば、日常の生活では簡単に味わえなかった、そういう意味で昔の旅はハレの行動にほかならなかったわけですが、なかでも名物を口にするのは庶民のなによりの楽しみでした。それは昔も今も同じだと思います。

暗峠で営業中の「峠の茶屋　すえひろ」

◆暗越奈良街道フォーラムでも茶屋復活

初谷　茶屋の復活のお話が出ましたけれども、この街道クラブの関連事業として、街道の起点にあたる大阪市の東成、それから布施のあたりで、毎年11月に大きなイベントをしております。「暗越奈良街道フォーラム」というイベントで、今年も11月6日、7日に開催されますので、フロアでご案内を差し上げています。今年は、この街道の出発点にあった「二軒茶屋」をぜひ復活させようということで、そうしたお店が出店されると聞いております。

それでは次に好井さん、よろしくお願いいたします。

◆レクリエーションからウォーキングの魅力を見る

好井　好井國治でございます。このサミットで暗越奈良街道をめぐる魅力を私から話すのは、ちょっと口はばったいところがあります。暗峠は数回ほどしか歩いておりませんので、今日お集まりの皆さんの方が、たくさんの魅力をご存じだと思います。ただ、レクリエーションを長くやっておりましたので、レクリエーションから見たウォーキングの魅力を話したいと思います。

このリーフレットの中に、私が所属する奈良県レクリエーション協会の沿革が出ております。私自身は、高校生時代から大阪市役所時代をとおして、レクリエーション活動を52年間やってきましたが、この協会は、昭和26年の設立ですから、来年、設立60周年を迎えます。レクリエーションと申しましても、最初の頃は踊りを踊るといったものが中心でした。近年の少子高齢化によりまして、今日もお年を召した方がたくさん来ていただいておりますけれども、自分の余暇を充実した生活を過すのに、あるいは、健康増進のためにどんなことを手がければいいのかという方が、私達のレクリエーション活動に訪れてくださいます。健康体操やニュースポーツとか、ウォーキングなど誰でも、どこでも、いつでも、誰とでもできる遊びをメインに活動を行っています。

好井國治　氏

ウォーキングでも、単に歩くだけではなくて、付加価値をつける。例えば、私たちがしている「初詣ウォーク」などは毎年1月の第一日曜日にあります。そのときは神社仏閣にお参りする。これはもう当たり前ですが、その途中の昼には、今、茶屋の話が出ましたけれども、奈良女子大学の構内施設をお借りして湯茶のサービスとか温かいスープを作ったりします。あるいは、奈良県医師会のご協力もいただいて、先生方も一緒に歩いていただき、お昼ごはんの後、「ウォークと健康」といったテーマで、先生方から、歩くことがいかに良いかということのご講義も医学的な面からいただく。3月には山菜取り。歩きながら道端に生えている草を採って、そこで実際に料理をして食べます。皆さんと一緒に育む、そういった楽しさを作るウォーキングを私たちは手がけています。

「歩く観光」ということも行っております。最近は、テレビ等でも、テレビタレントや俳優さんがあちこちへ行かれて、食べるだけでなく、料理やその地の特産品などを創る体験番組がありますが、聴いたり、触れたり、これらは全部人間の持っている五感です。歩きながら人間の五感で感じ取り、十分に楽しんでもらいたいなと思います。先ほど上野先生が、万葉集における旅行の話もされていましたが、自分の感性でもって驚き、喜びを味わう、これがウォーキングの大きな魅力だと思います。

最近、ウォーキングでは歩く距離や歩いた回数を競う、スタンプからバッジを収集していくということが盛んです。いいこととは思いますが・・。私も四国八十八ヵ所をめぐりましたが、バス、車で行くと、駐車

ウォーキングの魅力を伝える「歩育」(2011年4月)

場をどうしようかと思いながら行きますね。本殿とか太子堂とかは全然拝まない。ご朱印帳などに判を押して、(墨書を)書いていただいて、ドライヤーで乾かして、お掛軸巻いて、また進む。お寺の魅力や史跡の文化を全然感じずに回っている方もいらっしゃいます。そうしたお参りももちろん必要でしょうが、五感で感じ取り、人と人と触れ合う魅力のあるウォーキングの参加をお願いしたいなと思いますし、私たちはそれを実施しています。

◆「歩育の日」

私は奈良県レクリエーション協会に属していますが、大阪府レクリエーション協会が、5年前から「歩育」という運動を提唱しています。歩育の「ホ」は保険の「保」ではなく歩く方です。「育」は育てる。これを大阪府から発信しまして、今、近畿各地に呼びかけを行っています。奈良県でも、来年から私たちのレクリエーション協会で、この歩育の運動を中心にした事業計画などを立て、県民の皆さんに楽しい魅力のあるウォーキングをしていただきたいなと思っています。

特に暗越奈良街道をお歩きになっている皆さんには、あの峠の魅力は十分ご存知だと思いますので、それをさらに魅力ある会にするには、自分自身の感性をやはり育てていかなけりゃ。これが歩育だと思いますので、そういうことをお互い、これから勉強しながらウォーキングの魅力を伝えていきたいと思います。

初谷　「歩育」は、子どもさんが対象になるのですか？

好井　いいえ、子どもさんはもちろんですが、大人もお年寄りも一緒になって遊べるウォーキングを実施しています。例えばゲームにしましても、いろんな方ができるようゲームの種類を用意して、お昼ごはんの場所やフィールドを使ってゲームをします。子どもたちとボール投げとか、ストラックアウトといって、壁が９つの格子になったものにボール投げをして点数を競うとか、紙飛行機の飛ばしっこなど手作りの遊び用具を使っていろんなゲームをしていただいたりします。

初谷　皆様も「歩育」という言葉はおそらく初めて聞かれる方が多いかと思いますが、「歩く」に育児の「育」なんですね。食育という言葉がありますが、歩育というのはそれぐらい力を入れてらっしゃるようですが、幼稚園児ぐらいですと何 km ぐらい歩けるものでしょうか？

好井　ちょうど大阪で、昨日、今日とウォークがありましたけれども、幼稚園の子たちが先生に連れられて来てくれました。コースは幼稚園の回りの池を 3km です。初めはみんなしんどいといいますが、慣れてきたら 5km くらいは十分歩けるようになります。大阪府レクリエーション協会では、園児でも歩けるようなコースもつくっています。

初谷　それでは次に鐵東さん、お願いいたします。

◆奈良の良さを知ってもらい、奈良を元気に

鐵東　こんにちは。株式会社エヌ・アイ・プランニングの鐵東貴和と言います。私は今日の街道でいえば、奈良と大阪の境目にある生駒市で生まれまして、高校、大学は大阪の学校に通っていました。どちらかというと奈良

に行くより大阪が近く、奈良には遊びに行ったり買物したりということで学生時代も過しておりまして、その後、就職活動で東京の方に行き、アパレル関係の仕事をさせてもらっていました。

鐵東貴和 氏

何度か事あるごとに地元に帰って来ますと、東京だったら１年経ったら本当に道も町も変わってしまうようなところが、奈良に帰って来たらいつもと変わらない。どちらかというとそういった田舎的な部分が本当は嫌で東京に行ったんですけども、離れてみると奈良の良さというのが逆に分かってまいりまして、何とか奈良を元気にしたいと思うようになりました。その当時の元気というと、今の元気と若干、自分の中ではスタンスが変わってきています。当初は、やはり東京のような、何か楽しい、いろんなこと、もちろんショッピングも含めてできるようにと思っていました。奈良に帰って来て、奈良を元気にしようということで、エヌ・アイ・プランニングという会社を設立しました。当初はイベント企画会社ということで５年ほどしていたのですが、奈良という所はそんなにいろんなイベントがポンポンとあるわけではないし、次々タレントが来ていろんなことが行われるわけでもないので、どちらかというと下請け業的な、テントを立てたりとか、夏祭りのお手伝いをしたりとか、地元密着という感じのイベントが主な仕事になっていました。そのときに、やはり自分たちもそうですが、奈良で何があるのか、どこでどんなイベントがあるのか、意外とそういった情報が自分たちには伝わってこないというか、そういうものを知るツールがなかったということに気づきまして、それから情報誌を始めました。今日は大阪の方もいらっしゃるので、ちょっとプロジェクターを使って、どういう媒体を発行しているのかを若干お伝えできればと思っております。

（画像上映）

月刊誌「ぱ～ぷる」という情報誌が、当初のスタートでした。その後、大人の情報誌として「naranto」。今はブライダル情報誌である「ichika」、グルメ雑誌、観光雑誌など多品種にわたっての別冊のラインナップも揃えております。「naranto」というのが、今日いらっしゃる方のテーマに近い媒体かなと思いますけれども、本当に大人の方が楽しむ情報誌ということで、出させていただいております。続きまして「ぱ〜ぷる」ですが、これは奈良の若い学生もしくは社会人をターゲットにして、奈良でごはんを食べたり遊んだり、そういった情報を載せたタウン誌と呼ばれるものです。それを現在はインターネットとかも絡めながら、いかに奈良を知ってもらうかということで、いろいろな企画を毎月、月刊誌でしています。iPadとかモバイル端末で電子的な情報も配信していくということで、様々な活動をさせていただいております。

当初、雑誌を発刊するときに、何となく奈良って、食べるものがおいしい店がないとか、遊ぶところがないということが、結構自分たちの中でもイメージされていました。でも、「無い」のと「知らない」のとは違う。ひょっとしたら知らなかったんじゃないか、「知らない」ことが「無い」につながっていたのではないかと。我々がどんどん「奈良にいろんなお店があるよ、いろんな遊ぶ所があるよ」ということを、毎月毎月情報発信していくと、奈良の方から「あ、こんなにいろんなお店があるんですね」とか、「こんなおいしいお店がありました」とか、そういう反応がどんどんつながっていくようになりました。

やはり、奈良に住んでいますと、関西とはいっても大阪、京都、神戸の情報がどうしても簡単に手に入りやすくて、奈良の情報が中々皆さんに伝わりにくいのかなと思います。まずは奈良の人が、奈良を知るというところから始めないと、中々奈良の魅力というのは伝わらないのではないかというのが我々のテーマです。奈良の人に、まず奈良を知ってもらう。そしてその方が奈良の魅力を外へ、今でしたらツイッターとかメールとかいろんなツールがあるので、そういった形で発信していただくことで奈良の魅力はまだまだ皆さんに知っていただき、また奈良に来ていただける可能性があると考えております。

したがって、魅力というと、これから何か新しいものを作るのではなくて、今あるものをいかにみんなに伝えるか。そしてまた知らなかったことをいろいろ体験していただいて、奈良の魅力を感じていただき、奈良の良さを知ってもらえたらいいのではないかと思っています。

初谷　お三方からお話いただきまして、中田さんは、茶屋文化というものを取り上げられて、街道とか峠の道におけるそうした物的な資源、モノの資源で、まだまだ魅力というものが見いだされてない、あるいは、なくなってしまっているけれども、それらを甦らせることで、外国のカフェ文化とは違う日本独特の面白い茶屋文化みたいなものが見出せるのではないかというお話がありました。

好井さんからは、魅力の中でも、モノの資源ではなく、やはり動いていく、こちら側が歩くという行為を通じて、自分の五感を通じていろいろなものを発見して行く。発見する側の、こちらの主体のお話としてウォーキングはすごくいい手段ですよというお話があったと思います。

鐵東さんは、奈良側、大阪側、それぞれに課題があると思うけれども、奈良側から見てみると、実は奈良の中の人々にとっても奈良の外の人々にとっても、外から見ている奈良像とか、街道空間の資源というものが、非常に固定した先入観で固まってしまったものがまだまだ多いのではないかと。そこをもっと奈良のことを知ることによってひっくり返していくことができるのではないかというお話があったように思います。

そこで、仲川げんさんですが、最初は民間企業にお勤めになられ、その後 NPO でご活動されて、今は市長として行政とか政治の世界に入ってこられ、ご自身、人生の街道でいろいろ経験してこられたわけですが、今、お三方は街道空間に寄せてその魅力を語ってくださいましたが、例えば仲川さんが感じておられる街道空間の魅力や思い出とかはいかがでしょうか？

◆光を当てられて、奈良に暮らす人が足元の魅力を知る

仲川　今いただいたご質問へのお答えと、それから少しの間、自己紹介を交えてお話をさせていただきたいと思います。実は、お隣の鐵東さんのお話にも、私のキャリアに少し近いものがございます。私は、元々奈良で生まれ育った人間ですけれども、若いうちは少し都会に対する憧れというものもございまして、どうしても奈良よりも東京や大阪の方に関心が向かってしまうということがございました。私自身も東京で３年間、民間企業でサラリーマンをしておりましたが、奈良に久しぶりに戻って来たときに、やはり建物の高さが低いので、四季折々に大きな空の

仲川げん 氏

表情が見られる、そんな魅力や、非常に自然豊かで、文化遺産など若い頃には中々気づかなかったような魅力も、少し年がいくと感じるようになりました。

そんな中で、その奈良の魅力を、果たして奈良に住んでいる人たち自身が知っているのか、また気づいているというのかどうか。これをいろいろ見ていく中で、特に子どもたちの教育の分野で、この奈良のことをもっと伝えていこうというふうに思いまして、NPO ボランティアの世界に転身いたしました。その後、市長になるまで 8 年間、この NPO の業界で活動してきましたけれども、一貫して追い求めてきたテーマというのは、奈良の人にもっと奈良のことを好きになってもらう。そして、好きになったその「まち」がいろいろと今、難しい局面、様々な地域の問題が出てきている中で、自分たちがまちのオーナーだという意識で積極的にまちづくりに関わってほしい、そんなまちをつくっていきたいなというのが、一つ流れている大きなテーマでございます。

そんな中で、私とこの暗峠の繋がりということになりますと、一つには、この暗峠の周辺や界隈で、実は NPO 時代、自然環境の調査活動をしておりました。いろいろな生駒市内の地域、いろんな生態の調査を市民参加でやっていこうということで、市民の皆さんと一緒に、生き物調査や、植物の調査などの活動を行っていたんですが、この暗峠周辺、より豊かな自然も残されております。例えば日本の国蝶であるオオムラサキなどのサナギも発見をしたりですとか。いろいろな動植物も豊かに生存しているという魅力に気づきました。

また、もう一方で、皆さんご存知だと思いますが、街道沿いで例えばこう、大根を干してあるお家《うち》があったり、周りのお茶屋さんなんかでも、非常に昔の原風景のような体験をすることができるのを魅力に感じておりました。

さらにもう一つが、生駒の西畑地区の棚田の再生活動です。こちらも NPO 活動の中で関わりを持たせていただいていました。奈良側の峠を下りたすぐのところにある西畑地区は、農業の担い手が少なくなって、一時は棚田の三分の二ぐらいは休耕田や耕休地になり、田畑の真ん中にも大きな木が生えてしまって生産活動ができないという状況になっておりました。そこで登場したのが「いこま棚田クラブ」さんという、地域の、というより関西広域から集まって来られる方々ですけれども、元気なシニアの方々が、いわゆるボランティア活動として、棚田の再生に 2003 年頃から

西畑の棚田

活動に参加されています。私のところはNPOのサポートセンターをしておりましたので、この生駒の棚田クラブさんの活動の側面支援をさせていただいていました。小さな頃に、いわゆるまちの、もしくは里山の原風景、原体験を持ってらっしゃる方々が、一時はおそらく大阪方面で民間企業のビジネスマンとして活動されていた方たちですけれども、仕事を終えてもう一度地域を見たときに、自分たちに何かできることはないのかなという中で、この里山の再興をされるといった活動をされてきております。こうした取り組みは、地域が元々持っている資源や力だけでは、時によって再興することが非常に難しいという状況があると思います。そこで、外から来た新しい人たちが、もう一度そこの魅力に光を当て直すことで、地域の人が元気になって、また昔から続いてきた、例えば「とんど」のような伝統行事をもう一度やりなおそうというような元気をもらったりというようなことがあります。地域づくりにはいろいろな手法があると思いますけれども、やはりそこに暮らす人たちが、いろんなきっかけを得て、自分たちの足元の魅力に気づくということが非常に大きなポイントになるのかなというふうに思っております。

そういう意味では、この暗峠の会は、昔ながらの日本人がホッとするような空間ですとか、昔から続いてきた生活文化、こういった地域の魅力の芽が多様に埋もれているのではないかと思います。それらをいかに掘り起こして、より多くの方に伝えていくかということが、この街道を活性化する上では大きなポイントになるのかなと思っております。

いこま棚田クラブの掲示板

◆比べる生活文化遺産、甦る原風景

初谷　NPO時代のご経験も踏まえて、非常に具体的に語っていただきました。最後の方でおっしゃった、生活文化といったことについては、実はこの街道サミットでも、1回目のときから随分話題になっています。メンバーの中の奈良在住の方が非常に面白がられるのは、奈良というのはシルクロードの終着点だということで、ものすごくたくさんの資源に満ち満ちている。だからもう、あって、あって、しょうがないぐらい沢山の資源がある。だけれども大阪の方に行くと、例えば、まちづくりのマップなどを見ましても、もう無くなってしまった昔の映画館だとか立派なホテルだとか、そういった建物を麗々しくですね、「かつてここにソレがあった」と掲載したマップが一所懸命作られていたりする。だから、「無いものをすごく大事にしている」という感覚が、非常に奈良と違って面白いといったことをおっしゃいます。そして、そういう資源は、仮に名づけるとすれば記憶の遺産みたいなものではないかと。だから生活文化のそうした遺産のようなものが、随分、奈良の感じ方と大阪の感じ方も違うだろうし、今、仲川さんがおっしゃったように「原風景」といったものも、この街道沿いは距離も長く、いろんな色合いを持っていますから、様々な思い出とともに、皆様の心の中に眠っている風景が沢山あると思うわけです。そういうものをどのように甦らせていくかということで、今、一つの例として「いこま棚田クラブ」のことをお話しくださったわけです。

◆つぶやきを交わして歩く夜の街道

さて、今までお話くださったのは、どちらかというと陽の当たっている日中の光景であります。奈良では今「平城遷都 1300 年祭」の真最中ですけれども、奈良で満 100 歳を越えたものが 3 つあると言われております。一つは、ちょうど今天皇皇后両陛下が奈良にいらっしゃっていてお泊りの「奈良ホテル」。それから、最近、新大宮のほうに移りましたけれども「県立図書館」ですね。それからもう 1 つが「奈良女子大学」だそうです。

その奈良女子大学の講堂で、今からちょうど 2 カ月ぐらい前、最近でこそ涼しくなりましたけれども、まだものすごく暑い盛りでしたが、こんなイベントがありました。先ほど鐵東さんからも、この頃はいろんな媒体があるので様々なメディアに情報発信を展開しているというお話がありましたが、実は、まちづくりやまちおこしの分野にもそういうメディアが浸透してきております。7 月 10 日に行われたそのイベントは、「つぶやきでまちおこしフォーラム＠奈良」というイベントでした。皆様の中にも参加された方がおられるかもしれません。そのイベントに合わせて、ツィッターをしながら、奈良の道中をいろいろ歩いて、まちというものを考えてみようという試みです。

その機会に、何と、夜の暗越奈良街道を大阪から出発しまして、お友だちと一緒に、夜を徹して歩き続けて奈良の会場までたどり着いたという方が今日のサミットにも参加していただいております。まあ「夜歩く」とかいうと、最近では横溝正史さん原作のドラマのタイトルを思い出される方もあるかもしれませんが、暗峠というのも、昔は鬱蒼としていて暗かったから暗峠と呼ばれたわけです。本当に真っ暗な街道とはどういうものなのかということで、大阪から奈良まで歩かれました。なぜそういうことを思いつかれたのか、実際に歩かれてみてどうだったのかということを、ぜひ語っていただけると嬉しく思いますが、西村謙一さん、いらっしゃいますか？

西村　はい。そのときの感想ですか？

初谷　ええ、ぜひ。

西村　きっかけとしましては、奈良でまちおこしをやりましょうというお話がありました。私は大阪側の人間ですが、「このまちおこしを大阪から盛り上げることができないか」という事で、仲間内で話をしているときに、「だったら、単に行くのではなくて、大阪と奈良を繋いだ暗峠、暗越奈良街道を歩いてみるか」と盛り上がりました。その話がきっかけになり、奈良まで歩いて行くことになりました。秋でしたら日中歩いても大丈夫だと思いますが、夏場に日中、大阪から奈良まで歩くと熱中症の恐れもありますので、夜に難波宮の史跡を出発して、平城京跡まで暗峠を越えて歩いていきました。

そのときに感じたことですが、私自身、金剛山とか葛城山とか登山をしたりウォーキングなどもしているんですが、奈良まで行くというと、やはり電車や車で移動というのが一般的だと思います。ですが今回、自分自身の足で歩いて、暗峠を越えて奈良側の景色を見たとき、ちょうど日が昇って来る時で、その光景がとても美しく、そのときの感動は、今まで感じたことのないものでした。それ以来、奈良の魅力をすごく感じるようになりまして、その後も、自宅は天王寺ですが、四天王寺から法隆寺まで信貴山を越えて歩いて行ったり、「まちを感じながら歩いて行こう」と、時折、まち歩きなどをしています。

先ほど「歩育」の話が出ていましたが、やはり歩くことで「五感」であったり、自分自身の心であったり、あとはその感性。一緒に歩いた仲間との繋がりというものも、歩くことで育むことができたのではないかなと思います。

街道を歩いたときには、街道に関しての「情報」や「知識」は、正直申し上げて持っておりませんでした。今日、上野先生のお話をお聞きして、さらに暗峠、街道の魅力というのを、万葉集を含めて、知ることができました。今日得られたことをもとに、もう一度この街道をゆっくり時間をかけて歩いてみたいと感じているところです。

初谷　有難うございます。好井さん、今、西村さんから「歩育で仲間」っていいねというお話が出ましたが、何かご感想はありますか？

好井　私達は「遊びのサンマ」という言葉を使っているんです。子どもたちが遊びを知らない、遊ばない、そうした子たちに対して、私たちは「遊びの３間」、これは今おっしゃった「仲間」の間ですね、それから遊ぶ場所、

「空間」の間です、もう一つは遊ぶ「時間」の間、これが「遊びの３間」です。遊びの３間に私たち大人が関わって、子どもたちを遊ばせますと笑顔がはじけます。そういうことから言えば、仲間づくりというのは子どものときから必要なんです。子ども時代から仲間を作り、テレビでなく外に行って、他の子どもたちと遊ぶように。ということからすると、私たちが子どもたちと一緒に街道を歩いたりして、子どものときから「サンマ」を経験させたら、犯罪を起こしたりするようなこととは無縁になるのではないかと思います。

◆バーチャルでつながる同行幾人も

初谷　ところで、西村さん、ツイッターで街道を歩きながらどんな会話をして行かれたんですか？

西村　そうですね。奈良に着いたとき、会場の方に喜んでいただくための登場の仕方をどうするか、また、他のイベントも控えていましたので、イベントをどう盛り上げるかなど、いろいろと話をしながら歩いていました。

ツイッターを使っての情報発信ですが、私自身は iPhone を持って、写真を撮りながら、ツイッターでつぶやきながら、歩いていました。例えば、朝方の暗峠からの写真などを、ツイッターを使って投稿していくことで、それを見られた方から、写真へのコメントや応援メッセージをいただいたり、非常に反響がありました。実際に一緒に歩いてはいないんですが、インターネットを通じて応援していただいている方たちの存在をすごく感じながら歩くという、そういった体験でした。

初谷　なるほど。以前、世界を踏破する若い探検家のニュースがありましたが、彼もインターネットで毎日常に自分の現在の居所とかを発信しながら探検を続け、世界中の人たちに応援してもらったそうです。歩いているのは１人、あるいは数人だけれども、実は沢山の仲間が、自分たちの動きと一緒に、同じように考えてくれているという、そういうバーチャル空間が容易にできあがる時代ですので、今、西村さんからは、街道の新たな楽しみ方を教えていただいているような感じがします。そういう意味では、街道歩きを通じてできる仲間にも、対面の仲間だけではなくて、そうした非常な広がりのある仲間づくりや新たなつながりが開けていて、面白い可能性を持っているのではないかと思います。

◆街道起こしに乗り越えるべき障壁は

今、皆様から街道空間の魅力とか、可能性や創造についてご示唆いただきましたが、この暗越奈良街道の街道空間は、ご承知のとおり近鉄の路線、鉄道が走っておりまして、ほぼこれが昔の街道筋あるいはそれに沿って走る形になっております。この鉄道が発達したために、交通路としての街道の機能は、昔と比べれば随分と下がったものになっているわけです。交通の点から考えると、街道そのものを盛り立てることは、今はさほどどうなのかなと疑問を持たれる方もあるかもしれません。そこでパネリストの皆様は、この街道おこしとか、街道を軸にして、何かまちのつながりとか人のつながりとか仲間づくりに活かしていこうというときに、乗り越えなければならない課題はどんなことだと思われるでしょうか？ 中田さんいかがですか？

◆歩車分離と歴史認識、さらに奈良側の道の整備を

中田　まちづくりに関して何が必要かということですね。私は、暗峠越えを何回もしていますが、あそこは、おそらく新しい車道に旧道が吸収されたのだろうと思いますが、危なくて仕方ないのですね。車がよく通る。茶屋の方にお聞きしてみると、かつてあの峠の所はどうも階段だったらしいですね。もちろん今、308 号の国道になっていますから、少しは道幅が拡がったと思いますけれども、危険を感じます。峠に登ると、確かに峠というのは分水嶺もあり、水の流れが変わる。そして景色も当然変わる。そして吹く風も変わる。その変化を感じながらそこを通る人たちのことを考えると、まず、車道と一緒になっていて危ないので、どうにかならないかなということ。

そして、「歴史認識」が必要ですね。

休憩所

行基墓

私は朝日カルチャーセンターで「古道を歩く」という講座を持っています。そこに来てくださる生徒さんたちの中には、はじめは歴史にあまり詳しくない方も、徐々に歴史や伝説を知ることで、街道を歩くのが何倍も楽しくなると言われます。

暗峠周辺は、役行者《えんのぎょうじゃ》あるいは行基さんが修行したところでもあります。この峠に、鬼取伝説というのがあります。暗峠を越えるときに、怪しい鬼が出て、行き交う人たちに悪いことをする。村人は困って、ちょうど生駒山で修行していた役行者（小角《おづぬ》）に鬼を退治してほしいと頼むわけですね。小角がその鬼の隠れ家を発見したその場所が生駒市鬼取《おにとり》町にある鶴林寺だったといいます。そして逃げる鬼を捕まえ、峠を越えて谷に連れて行き、長い髪をばっさり切り落とし、汚い身体を洗わせた。その場所は東大阪市東豊浦町の髪切山《こぎりさん》慈光寺だったといいます。この捕まった鬼は改心し、小角の元で前鬼と後鬼として活躍したといいます。

あるいは、僧・行基さんが山林修行をします。生駒山竹林寺（生駒市有里町）には行基さんのお墓がありますが、この一帯はお母さんと一緒に住み修業した場所でもあるわけです。だから生駒というのは、神仙宗教というか山岳宗教というか、正確にはちょっと違うのかもしれませんけれども、そういった場所でもあるのですね。

こうした歴史認識については、歩く方はよく知ってらっしゃると思いますが、その沿道に住む人たちも、「こういった歴史、あるいは物語」について共通認識を持っていると、見る目が変わってくる。あるいはそこを歩かせてもらえる側の思いも違ってくるのではないかと思います。これは、歴史の道を歩いて私が強く感じることです。

それともう一つ、この街道は初心者に一寸不親切かなと思います。大阪側から登るのは険しい道ですが、結構整備されていて、府民の森とかもあります。ところが奈良側へ来ると、トイレがないですね。そして道標が少ない。だから初心者にとっては不案内な所がありはしないかと思うのですが。そういったところでしょうか。

よく整備されたトイレ（枚岡公園）

初谷　今、言ってくださったような伝説であれ伝承であれ、そういった知識を、お勉強だけではなくて、みんながうまく共有していけるような仕組みみたいなものが自然にありますと、迎える側、歩く側という言い方をされましたが、そこでまた人の交流も濃密なものになるのではないかなという期待が持てるように思います。

それと、道路整備とか標識関係の整備の具合が違うのではないかということは、実は一昨年、このサミットの１回目を玉造で開催しましたときにも話題になりました。会場にいらっしゃったある方が、「私は朝早く起きて、月に２回、必ずこの暗越奈良街道を大阪市内から猿沢池まで歩く」と。そういうことを月の定めにしている男性がいらっしゃいまして、かなり年配の方でしたけれども、その方もやっぱり、「峠の手前側と反対側でくっきりと格差があって、大阪のこちらから行くと、峠を越えてから趣が削がれてしまう」というお話がありました。たまたま行政区域が峠を境にして分離していますが、どのようにしてこのバランスをとっていくかはちょっと課題だろうと思います。

では、鐵東さんいかがでしょうか？

◆奈良への距離感を解き、身近に感じる魅力を

鐵東　少し暗峠とは違ったことになると思いますが、実際の話をすると、よほどそういう峠越えをしたいとか、何か興味を持った方でなければ、普通は先ほど話があったように近鉄電車に乗って、また今でしたら第二阪奈道路もできましたし、車でビュッと大阪のほうに出てしまう。

これは奈良側から見ての意見になりますが、そこでやはり大きなギャップを感じるわけです。奈良側にいる我々は、大阪という所をすごく近くて

便利な所だと思っている。「電車で１本や」とか「高速道路ついたし」という感覚です。逆に、大阪側の友人などからすると、「え、奈良まで行くの」というような、何かすごい遠いようなイメージを、この現代文化の下においても思われている。上野先生のお話ではないですが、本当に１日かけてゆっくりと行かないといけなかった時代とは違いまして、今は車や電車を使いますと、感覚的には近くて 20 ～ 30 分で着く。ですから、奈良に住んでいると、大阪は働く場所になり、奈良は寝に帰ってくるところという感じになり、奈良の人は、感覚的にすごく近い所である大阪に、どうしても仕事とか商品とかを含めてどんどん依存してしまっている。逆に、同時代に生きていても、大阪の人は奈良に行くのは遠いという感覚です。

それって何なのかなあと考えてみると、奈良の人は大阪に行ったら何かあるというような、そういうところに魅力を感じていると思いますし、大阪の方は何か用事がないと奈良に何をしに行っていいのかわからない。どんなものがあるか分からないので、何か遠い場所に感じてしまうというギャップというものが、ある意味、課題なのかなと思います。

日々の生活の中で、「奈良にこういうものがある」と大阪の人に知っていただいて、もっと奈良の方に身近な形で来ていただいて、そういう形の交流を通じていくと、当然、暗峠っていうのがあって、暗峠にはどういう道があってとか広がっていきます。例えば、我々でしたら生駒の方ですので、暗峠近くにはいろんな新しいお店が結構できています。やはり、そういった所に足を運んでいただき、住んでいる者が、生駒というまちを観光地のように楽しんでいくというところで、いろんなことができるのではないかと思っています。

そういう意味では、大阪と奈良のそもそも住んでいる生活者がそれぞれ共有している考え方の違いも含めたギャップというものが、まず、かなり課題なのではないかなと私は感じております。

初谷　このあたり、会場の皆様もそれぞれのご経験に照らして、あるいは異論を持たれる方もいらっしゃるかもしれません。情報の無いことが心理的な距離感にもつながっているのではないかというご意見です。今おっしゃられたことはとても大事なことでして、今日のテーマでも、街道の往来と言いますが、その往来を電車で片付けるのではなくて、情報発信を通じて何か往来を創り出す、何ものかを生み出すことが、結果として街道とかこの界隈のまちおこしや魅力を高めることにもつながるのではないかというご意見かと思います。仲川さん、いかがでしょう。

◆人口やまちの機能を維持する視点で、わかりやすく情報発信

仲川　そうですね、なかなか難しい、答えにくいところですけれども。観光だけではなくて、まちの遺産ですとか、魅力をいかに高めていくのか、維持していくのかというときには共通することだと思います。

一つには、分かりにくいとう点が課題というか、障壁になっていると思います。特に奈良の場合は、今年は1300年祭をしていて、非常に今までとは状況が違っていると思いますが、中々奈良の魅力というのは、この暗峠を含めて一般化しにくいというか、より多くの方に知っていただくには、まだまだ情報発信が足りていないという部分もあると思います。

先ほどの私の話にもつながるんですが、そこに住んでいる方もしくは周辺の方々がまず魅力を感じるということが、やはり遺産なり魅力を拡大、発展させていく大きなポイントだということを考えれば、まだまだ上手に伝えられてないのかなというふうに思っています。

行政としての視点で考えると、一つには人口減少という大きな問題がありまして、これは日本全国が人口減少化している中で、先だっても新聞に載っていましたが、近鉄沿線では今後10年間に人口減少が多い町の1位が東大阪市で、その次が奈良市ということで、あまり良くない情報ランキングの2位に登場しています。10年間で奈良市は23,000人人口が減少すると言われておりまして、いかにこれを維持していくのかというのが、行政的には一つ大きな課題になっています。

ある意味、近隣の自治体間で住民の取り合いということも一方では起きています。いわゆる自治体間競争ということで、もちろん行政のサービスメニューやいろいろな公共料金等の値段が高い安いといったことでも競争することももちろんですが、やはり、そこのまちを選んで住むというときには、そのまちがいかに魅力があるのかというのが大きなポイントになると思います。そういう意味では、文化的な視点もしくは歴史的な視点でまちの魅力をとらえるというのも、もちろん大きな一つのポイントですけれども、人口を維持し、町の機能を今後も維持していくためという観点からも、この魅力をいかに分かりやすくＰＲしていくのかということが、一つ大きなこれからの課題になってくるのかなというふうに思います。

初谷　非常に面白い視点を提供していただいたと思います。自治体間競争

とよく言われますが、本当に、近隣の自治体同士で、トータルでは減少することが明らかな人口を取り合おうというような気配があるわけですけれども、それをむしろ、トータルで連携していくというようなことで、何かサービス面でも魅力をつくっていくというようなことが、人口の維持や、さらにまちの発展につながるのではないかということを、今お聞きしながら思うわけです。

今日のパネリストの皆様は、奈良の方や奈良中心に活躍されている方が多いのですけれども、このあたりで、今までのご意見を踏まえまして、大阪側の方から、まあ奈良の人たちはそういうふうに思っているのかもしれないけれども、実は大阪側から見ると、やっぱりこの街道空間、この連続した空間というのは、こういうことも言えるのではないかというようなことをお聞きしてみたいと思います。

東大阪市の東石切という所に光堂の千手寺という、真言宗の古刹があります。ご存知の方もあるかもしれません。先ほど、生駒山というのは、本当にいろんな神々の住んでいる山なんだというお話も出ていましたが、そういう中で、千手寺の住職をされていまして、生駒山の宗教世界や歴史についてもいろいろな機会にご発言をされている木下密運さんが、今日来てくださっているそうです。木下さんいらっしゃいますか？

ぜひ、今までのお話をお聞きくださっていて、東大阪にいらっしゃるお立場からご意見をお願いいたします。

◆河内と奈良の往来・今昔

木下　木下密運と申します。実は、奈良まちづくりセンターの理事長をしておられる室さんとは高等学校の同級生でございまして、そういう因縁で、先日突然拙宅を訪問されまして、今日出席しろということでございます。ちょっと午前中お葬式があったんですけれども、お葬式が終わると同時に走って参りました。

実は、私は河内の人間なんですけれども、昔、元興寺さんにお世話になっておりました。元興寺文化財研究所がございますけれども、その研究所の出発の頃のお手伝いをさせていただきました。もう40年も昔になります。それで、足掛け10年ほど元興寺さんにおりましたので、奈良のことも住民に準じてよく存じております。

で、鐵東さんからお話がありましたけれど、今は随分奈良町のことも沢山の人達に知られるようになり、いい雑誌を出しておられますけども、

40年ぐらい昔の元興寺界隈というと今とは雲泥の差で、「元興寺さんて、そんなお寺どこにあるんですか」って。拝観に訪れる人もほとんどなく、たまにお寺の方が、「木下さん、拝観の方がお見えになりましたから、ちょっと案内してくれますか」と。本当に、1ヵ月に何人かぐらいの拝観でした。何人かというぐらいですから、ちょっと調査研究の仕事の合間の息抜きに、観光に来られた方をご案内するというようなことでございました。本当に、今の奈良町とはもう比べものにならないくらい閑散として寂しいところでした。

元興寺

夜の8時か9時ぐらいまで元興寺で仕事をしていまして、夕ごはんを食べそこねて、慌てて帰るんですけれども、もう奈良のまちはどこへ行っても、全部お店屋さんが閉まっていて、飲み屋さんしか開いていない。食べもの屋さんで夕ごはんを食べて帰るというのはちょっとむずかしいぐらい寂しかったんです。餅飯殿《もちいどの》(商店街)も、今でしたら賑やかですけれど、8時を回ったら、全部シャッターが閉まっていましてね、寂しいー（笑)。どこで何を食べていいか分からない。

よそから来る友人連中がよく元興寺に集まって屯《たむろ》していたんですけど、「なんで奈良というのは、食べるものがこんなに不味《まず》いんやろか」ということで。奈良の方に悪いんですけど、そういうことをしきりに嘆いておりました。そのことを思いますと、今は随分いろんな、おいしいお店屋さんもでき、奈良町も奈良まちづくりセンターのほうで一所懸命頑張っていただくおかげで、こないだ久しぶりに元興寺の近所に行きましたら、もう、ぞろぞろ、ぞろぞろ観光客がいっぱいでございまして、「うわっ、こんななったん」言うて、一寸浦島太郎のような驚きだったんです。このあたりは、鐵東さんなどが一所懸命頑張っていただいた賜物だと思います。

それから、私は河内の人間でございますけども、街道を通じての大和と河内の行き来というのは、近鉄電車がついて、あっと言う間に奈良と大阪が結ばれましたけれども、それ以前は必ず、河内の住民が大和へ行く、大和の住民が河内へ出るのには、生駒山を越えたり、二上山を越えたり、葛城山を越えたりして交流をしていました。

昔は峠が非常に大きな交通の障壁になっていたのかということでございますけれども、歴史をふりかえってみますと、そんなことはありません。河内と大和、私もおじいさんが大和小泉の出身で、おばあさんが生駒の西畑《にしはた》の出身でございますので、元々大和の人間でございますが、大和の人間が河内の人間と婚姻を結ぶ、姻戚関係を結ぶというのは非常に例が多うございまして、私どもの近所でも沢山ございました。私ももともとは大和系で、今は河内の人間ですけれど。だから大和と河内の人間の交流というのは、峠を越えて頻繁に行われていました。河内で水害がおこって田んぼのものがおシャカになると、大和の人と姻戚を結んでいると、大和のお百姓さんに助けてもらえる、それは本当か嘘か分かりませんけれども、そのようなうがったことを言う人があります。大和と河内の姻戚関係というのは、非常に密接でございました。

それから、八尾市あたりで調査をなさった方によりますと、「牛仲間」というのがございまして、やっぱり河内の方は夏は暑い。そうすると牛がバテる。それを防ぐ意味で、山を越えた平群《へぐり》のお百姓さんに牛を預けて暑い夏を無事に過ごさせるという「牛仲間」のつながりというのもあったというような研究もございます。

ですから、鉄道がつくまでも、峠を越えてしきりに人々は往来しておったというようなことでございます。今ご指名がありましたので、ちょっと感想を述べさせていただきました。

初谷　有難うございます。先ほど申し上げましたように、街道クラブは、街道空間を決してこの 4 つの市に限定して考えようと活動しているわけではありません。今、八尾のお話も出ましたけれども、広い意味での大きな河内ですね。その河内世界と大和の世界というものをつなぎ合わせていくことで。昔は同じ行政単位であったこともありますし、奈良県が再設置されて今のように分離されているわけですけれども、昔は堺や大阪と一緒だった時期もあるわけですね。そういう意味では、奈良というのは、奈良の中では昔から北高南低とか言われていますけれども、むしろ東西の、大阪との生活圏が非常に濃密にある世界だろうと思うわけです。今の「牛仲間」のお話などは非常に面白いお話だと思います。木下さんが今おっしゃってくださったのは、鉄道というものが便利な反面、そういう、人や家畜も含めての豊かな交流みたいなものを、むしろ無くしてしまっている部分もあるのかなというご感想ですけれども。

◆街道空間を守り育てるには

初谷　いろいろご意見をいただきましたが、では、この街道空間を守り育てるとかいうときに、そもそもこの街道空間をどのくらいの範囲で捉えると一番いいのだろうということがあると思います。また、今後どういうことをしていくことが、先ほど仲川さんもおっしゃったように、トータルでこの地域というものの活力を維持しながら、他からも分かりやすい地域、たくさん人が訪れるような地域として、魅力をずっと発信し続けていけるようになるのか。今までのお話の中にもいろいろなヒントが出てきていますが、どのような手立てが効果的だと思われるかといった点について、パネリストの皆さんにご意見を聴いてみたいと思います。

この街道空間の中では、行政の区域は分かれてきていますが、企業やいろんな市民団体、特に大阪も奈良も、地域の自治会などの地縁団体と言われるものが、随分しっかりと活動されている所がまだまだ少なくありません。そういった意味で、行政にはできない、そうした組織や地域の団体ならではの可能性みたいなものについても、どういう点がある程度期待できるのかといったことをお聞きできればと思います。では、鐵東さん、いかがですか？

◆大阪と奈良、互いの資源の有無を情報共有

鐵東　まずは、やはり大阪には何が有って何が無いのか、また逆に奈良には何が有って何が無いのかいうのをもう 1 度再確認して、別に無いからつくろうとかいうのでなくても、そういった情報をうまく共有することで、いい意味でコラボレーションをしていくのも一つではないかなと思います。そういう意味では情報交流といいますか、そういったものをまず積極的に、奈良側、大阪側が、街道を通じてしていくというのも一つではないかなと思います。我々も実際、ここ 12 ～ 13 年、情報というものを発信させてもらっています。最初は、情報発信するだけで、奈良にはいろんなものが無いと思っていましたが、「あ、こんなにあるの？」というリアクションがありました。今やそれすらもう当たり前になってきました。そういう意味では、先ほどから言っているように、そこにどういった物語、ストーリーをつけていくのか。ただ、こんな店があるよというだけで

は、それをおいしく写真を撮ったり紹介文（テキスト）を書いたりというような、もうそういう形ではないのかなというふうに日々感じています。ただお店を紹介することで終わらず、この店がどういった形できて今あるのか、あるいは地元の人からどのように愛されているのかとか、そういったことも含めた、表になかなか出てこないものを発信していくということです。それは、新しく何かを作るとかといった発想ではなくて、お互いに、これは有る、これは無い、そういった情報をお互いが共有することで、無いならば行けばいいだろうし、そういう形での交流や移動も行われるのではないかなと。

町家を使った試み（ならまち）

一寸話はそれると思いますけれども、少し前まで、例えば奈良に大型ホテルの誘致とかいった話もありましたけれども、僕は別に奈良にそういった大きなホテルをつくる必要性は逆にないのかなと思います。それは大阪に沢山あるじゃないか。その代わり大阪にないような旅館みたいな形で泊まりたい人には、奈良にしかないそういったものを、うまく一つの情報としてコラボレーションしていけばよい。新たに奈良に何かを建てようということではなく。

最初、活動を始めた頃は、「これは奈良に無いので、できればいいなあ」と思って、いろんなことをやっていましたけれど、最近は、それは違うなと。無いなら、ある所へ行けばいいし、逆に外には無いものを伝えて、それを求める方を集客して奈良に呼び込めばいいのではないかと思うようになりました。別に無いからといってつくる必要はないし、無いなら逆にこちらの方からしっかりと伝えていこうと。そのような形で情報を共有したコラボレーションができれば、効果的なのではないかと私は考えています。

初谷　情報の交流とか、こちらに有るものと無いものを、ある程度きちんと見定めて、互いに分担したらいいのではないかという今のご意見に当てはまるような具体的な例としてはどんなことがあるでしょうか？　若い人たちは、大阪に働きに出て奈良に家があるという人も多いという実態を見たときに、鐵東さんは、例えば結婚情報の雑誌とか、さまざまな媒体でいろんな所を掘り起こして行かれていますが。

鐵東　企業数も含めてですけど、商業施設的なことで言いますと、普通に考えると、人はそういったものを求めて移動してしまうわけで、そういったことで勝負すると、奈良は大阪には中々勝てないわけです。が、奈良という名称を使ったこういうウェディングの会社があるとか、奈良でしかできないこういう結婚式があるということになると、これは大阪ではできない。大阪の方も奈良の魅力を感じて、奈良で挙式をしていただくことになる。

会社にしても、たしかに絶対数は少ないですが、本当に奈良にどんな会社があるのかが知られていない。すごく安定した、ひょっとしたら優良企業が奈良にはたくさんあるのではないかと思いますが、中々そういう情報が表に出ないために、一般的に取材していますと、どうしても大阪の企業さんの求人募集に対して、そこで就職活動をすませてしまう。奈良にいい企業があるということに行き着くまでに就職活動が終わってしまうということもあると思うので、そういった奈良のいい企業さんたちを集めて就活できるようなことができないかというようなことは考えております。

初谷　今のようなことが、具体的にコラボレーションとかおっしゃっている内容なんですね。

つい先日のことですが、日本広報協会の主催で、全国の自治体の広報担当者が集まる大きな大会が奈良でありました。遷都 1300 年協会の方が、この 1300 年イベントの広報について報告発表をされたようです。非常に成功していて、入場者数も当初の目標を予定よりはるかに早く達成しまして、今や 300 万人に迫る勢いということで、随分注目を集めているわけですけれども。

鐵東さんは、奈良の情報発信の基盤のようなことを常々考えていらっしゃると思いますが、それはどういう特徴があり、今後どのように変わり得るとお考えでしょうか？

◆奈良情報が不足し不在のマスメディア

鐵東　まちなので、奈良だから特にということは決して無いと思いますが、奈良は、本当にいい意味で便利ですね、奈良からどこに移動して行くのも。京都にも大阪に行くのも。だからそういう意味では、その便利さを奈良はもっと打ち出せないかなと思うんです。大阪から、京都から、神戸から奈良に来るというのも、本当はすごく便利なことです。こういった1300年祭というものがあると、そういう形でしっかりＰＲすることで、今来ていただいているのではないかと思いますので、便利さ、利便性というのがすごく特徴ではないかと。なかなかそういうまちはないのではないでしょうか。

初谷　ＰＲというと、例えば奈良のメディアというのはどうなっているんでしょう？

鐵東　関西圏でいろいろＰＲ活動をすると、これは和歌山も同じですけど、地元のメディアが中々活躍できないというか、強くないんですよ。やはり企業さんも効率よくＰＲをしたい。広告の話になりますけど、やはり関西、大阪には支店はありますが、奈良には支店をつくらなくても、近いので営業所レベルでいいということもありますから。販促活動はどうしても大阪中心です。

奈良に住んでいると、ふだん見られるテレビ、民放に出てくる情報は、どうしても大阪、京都、神戸のことを見るようになります。外の情報がどうしても多くなる。関西のメディアの方が、意外と奈良のことを知らないので、奈良のことを「扱いにくい」ようです。そのため、奈良で何か番組作りをするときには事前に、「どんな店があるのか」みたいなことを、結構我々の方に問い合わせがあります。それぐらい大阪で仕事をしていたり、大阪でメディアを見ていると、リアルタイムに奈良のことを知らないということがあるので、どうしても自分たちの扱いやすい情報を番組にしてしまう。そうなるとますます奈良というのは、表に出てこないために、奈良に住んでいると、奈良の情報よりも大阪、京都、神戸の情報の方が手に入りやすいようになってしまうということが、逆に不幸というか、特徴だと思いますね。

初谷　今、メディアという点から、おっしゃられたような傾向が奈良にはあることがいかがなものかというお話をいただいたわけですが、最初の問いに戻りますと、一つは物語のようなものを、もっと浮き彫りにしていくような形での、何か作り込みみたいなものが必要だということ。それから、よく奈良は宿泊機能が非常に低くて、お客さんが連泊できない、宿泊できないために、宿泊客をよそに取られてしまって、泊まられる場合と泊まられない場合とで、経済効果が、試算では確か七分の一とか、八分の一とかいうくらいの格差が出てしまうといったことがあったかと思います。宿泊機能を充実させるにしても、今おっしゃったみたいに、大型ホテルみたいなものではなくて、もっと奈良の地域特性にあったような形での増やし方にすることで、先ほどの往来とか交流人口をもっと増やしていけるのではないだろうかというお話がありました。同時に、そもそもそのきっかけになるような情報というものの発信の仕方という点で、それから発信するメディアという意味でも、奈良にはいろいろ課題があるのではないかというお話をいただきました。

このあたり、行政のお立場から見られて、仲川さん、いかがですか？

◆情報の街道「インターネット」では代替できない「豊かさ」

仲川　はい。キラーパスが飛んでまいりますんで、用意しておかないといけないんですけども。(笑)

根本的なことで申し上げると、これまた異論、反論があれば、ぜひ皆さんからいただきたいんですが、街道というものを、役割や機能性で見ると、人や物や情報も運ぶというのが、そもそもの基本的、原始的な機能だと思うんですね。そういうことで考えると、現代における街道というのは、もうインターネットではないか。インターネットで代替可能な部分というのが結構多いんじゃないかということです。しかし、それで代替したとして、果たして豊かさがあるのかどうかということが一つの疑問としてあると思います。

一方で、奈良のまちなかを見ると、非常に矛盾したようなことなんですが、人であふれている。今年は特に1300年祭がありますが、最近人の出が多くなったのかなぁと私自身は感じています。例えばウォーキング、トレッキング、ジョギングなど、まちなかを人がグルグル移動するといいますか、巡回するというような動きが非常に増えているなと思います。商店街が頑張っていろいろ努力をしているというのもありますけれど、奈良の

もちいどの商店街（三条通りから）

餅飯殿《もちいどの》の商店街にこんなに人がいるのは正月ぐらいかなというぐらいの人出が、割と、それ以外の普段のシーズンでも最近多くなっています。これはなぜなのかなというのが、一つ大きな疑問です。

これに合わせてもう一つ言えば、最近、外国人観光客が奈良も増えています。去年でいうと、インフルエンザの影響があって、全体の観光客自体が３割ぐらい減っている中で、中国人観光客が２割ぐらい増えているというような問題があります。そうした外国人観光客の動きを「どういう所を見てらっしゃるかな」と見ていると、もちろん東大寺さんに行って、鹿を見てという一般的なこともあるんですが、私たち日本人からすると、何でこんなところに立ち止まって熱心に写真を撮ってるのかなと思うことがあります。例えば、街のお地蔵さんであったり、元々はそこに川があったであろう橋の跡といいますか、石碑みたいなものを撮ってらっしゃったり。あと多いのは、奈良町では、崩れかけた古い、いわゆる町家というにはちょっと言いづらいような、失礼ながら、おそらくそれほど建築学的な価値はないかなとお見受けするような建物を、皆さん熱心に撮ってらっしゃったり。あとは腰を曲げたおばあさんが、買物のカートをガラガラ引いて歩いてらっしゃるような姿を写真に撮られたり。非常にアナログと言いますか、生活の匂いがプンプンするような部分に関心を持ってこられているなという印象を受けています。

◆外からの光と関心が起こす「摩擦」が地域の温度を高める

仲川　街道的なものの魅力、これは街道なるものと括るとすれば、例えば里山というものもそうかもしれないし、まちの辻々、角々で人が交流している昔の姿というのも似たところがあって、50年か、もう少し前には当たり前にあったような風景というのを取り戻す中では、私は観光というのは一つの大きなポイントだと思っています。それは単に何人が来て、いくら経済効果が生まれたのかという観光ではなくて、外から人が来て面白がる様子を見て、地元の人が「あ、外から来た皆が何かワイワイ言ってるから、おそらく価値があるんじゃないか」と、改めて間接的に足元の価値に気づくという効果も非常に大きいと思っています。そういう意味では、外から光が当たることによって、地元の住民の中に関心や温度が高まるという機能というのが、観光の大きなこれからの役割なのかなと思っています。どんどん人が来て、いろいろと議論をして注目をすることによって摩擦が生まれる。「まさに」の観光交流より、「摩擦」で地域の温度が相対的に上がっていくというのが、これからのアクションしていくべき一つの可能性なのかなというふうに思っています。

新道パトリ前でのイベント（奥が松下 氏）

初谷　非常にいいお話だと思います。外から来た人たちが面白がるものは、案外地元では分からない意外なもので面白がっている、そこに摩擦が起きていくというお話をしてくださいましたが、会場の皆様からも、ご質問とかございましたら、お待ちしておりますけれども。

ちょうど今、この街道の西の端にあたりますが、大阪の東成から、徐々に徐々に、我々の活動は、こうしたサミットのようなディスカッションだけではなくて、実際のいろいろなまちの掘り起こしの活動というものにもつながっていっているわけです。今ちょうど仲川さんがおっしゃったような、外からきた方が地域を面白がる部分、今まで誰も気がついてなかったけれど、実はここはとんでもないまちだったということで、ここ数年、熱心に掘り起こされて、最近、東成一帯が「芸人の町」という形で、一つのブランドとして立ち上がってきつつあります。東成の松下さんがおられましたら、そのあたりの活動されている顛末とか、その感想とかを教えていただけると有難いんですけれども。いらっしゃいますか？

皆さんのお手元の今日のサミットの冊子の中にも、東成のあたりでパトリ（地域交流サロン「新道パトリ」東成区大今里）という施設を設けたという紹介がありますのでご覧ください。

―― ちょっと外におられたみたいですので、今お話していたのは、ちょうど仲川さんからこんなお話をいただきました。案外、外から来られる方というのは、地域の人々が気がついていないようなものについて、非常に興味深く写真を撮ったり訪ねたりされていて、そこでいろんな人と人との交流が生まれてきて、摩擦がどんどん起こってくると。そういう摩擦というものが地域の活性化とか元気につながるんじゃないかというお話をしてくださいました。

そういう意味では、今、東成から東大阪にかけて、先ほどご紹介した「街道フォーラム」もそうですが、今日ここにいらっしゃっている皆様は奈良の方が多いと思いますので、一つその東成の「芸人の町」とか、現にこのクラブが関わってまちづくりという点で面白い動きができつつあるということをご紹介いただけませんか。

◆市民が見出す芸能資源、つなぐ妙味と面白さ

松下　東成区の松下和史でございます。落語の方は、去年、一昨年ぐらいから、「東成芸能懇話会」という組織を結成しまして、もともと、戦前の５代目の（笑福亭）松鶴、僕らの知っているのは６代目松鶴なんですけど、そのお父さんが(東成の)片江にお住まいになっていて、いろんな活動をされました。一緒に活動したのが４代目（桂）米團治、あの米朝さんの師匠ですね。それとあと何人かが組んで『上方はなし』というのを、昭和 11 年から４年ぐらい発行されました。そういう落語家による文芸運動というのは日本では非常に珍しいんですが、そういう活動をされていました。去年は、その４代目米團治の顕彰碑を東成区役所の前に建立しました。この米團治さんは、別の仕事として代書屋もやっていまして、その仕事を題材に創作したのが、我々もよく聞く落語「代書」です。

そのへんのことをいろいろ調べていくと、いろんなことが分かってきまして、今年は５代目松鶴さんがお住みになっていた「楽語荘《らくごそう》」を、その跡にお孫さんがお住みになっている前に在宅福祉センターがあるのですが、そのセンター前に「楽語荘」の顕彰板も造らせていただきました。仁鶴さんが来ていただいて除幕されております。そのときに、仁鶴さんはご挨

拶で、かつて師匠から聞いておられたんでしょうけど、「まあ、落語家ってのは、戦後少なくなりまして、消える寸前だったのを、６代目松鶴さんとか米朝さんなんかが頑張ってくれました」とおっしゃっていました。そういうものも調べながら活動しています。

「楽語荘」の顕彰板

そういうコトを調べながら、一つは今、大阪市の方でまち歩きをやっています。「大阪あそ歩」といいます。東成の地域でも、今６つくらいのコースにしていまして、私もガイドをやってます。

あと深江というところがありまして、奈良にも笠縫《かさぬい》（大和国笠縫邑）という土地がありますが、そこから大化の改新の後にこちらの方へ来られたグループがあって、そこで菅笠を作っているとか、いろんな動きがあります。そういうことを題材にしながらコースをつくっています。

あとチラシもお配りさせていただきましたが、「暗越奈良街道フォーラム」というのを今年は第４回になりましたが、街道という文化資源を活かしながら、地域の活性化というテーマでやっています。今年は、玉造から深江まで、東成区をつなげるようになりました。

そういうことをしながら、できたらいろんなことにつなげていけばええなぁと思てますし。今、いろんなプランを立てています。例えば、東大阪の布施とかと組んでいくような事業を、市のほうで予算要求してもらっていますし。また、東成には平野川という川が流れていますが、大和川とつながっていますので、そういう市民レベルの交流みたいなこともやりたいと思います。

行政だけじゃなくて市民のレベルで、少しつないでいくようなことをしています。まあ障害もありますが、そうしたことをしていくことによって、いろんな面白味とか妙味が出てくるのかなと思ったり、感じているところです。

初谷　皆様もこの配布冊子の裏表紙を見ていただきますと、街道クラブのメンバーの谷幸一さんが作っていただいたマップが載っています。今のお話というのは、奈良の方々はご存知ない方の方が多いかもしれないんですが、1番上の地図に近鉄今里駅というのがありますが、この少し右の方に、平野川分水路という河川がございまして、その脇、東の方に「片江芸人の町」と書かれた所があります。大阪では天神橋筋商店街や「繁昌亭」が非常に脚光を浴びておりますけれども、実はその上方芸能の歴史を辿っていくと、この街道筋界隈の片江に、大変な芸能資源が眠っているということに気づかれたわけですね。で、それを次々と掘り起こしながら、いろいろ顕彰板であるとか、それからさっきのお話でいえば、「物語」として、ここにこういう人たちが住んでいて、こういう活動をしていたんだといったことを、いろいろとルートにまとめたりしながら、徐々に徐々に、実際の活動としてもこの街道を西から東へ今進みつつあるわけです。

街道フォーラムも、今まで3回は大阪市内中心だったんですが、今年は東大阪市の方にも少し関連づけながら、そういったお祭というものが展開されるようになってきております。今おっしゃった菅笠の資料館というのは、この冊子のもう少し右、東の方に行きまして、深江郷土資料館というのがありますが、そのあたりまで活動が続いてきているわけなんですね。

これはまあ、街道の西側の大阪圏内でのお話ですが、東側の生駒や奈良、それからさらに、この峠という意味で、今、松下さんがおっしゃったように、かつて長崎のさるく博（長崎さるく博覧会‘06）で盛り上がった「町中を歩いて楽しもう」という観光の仕組みを、大阪でも今「大阪あそ歩」というシステムでされています。それも単に大阪市内だけではなく、今言われたように周辺市の面白い資源についてもコースを延ばしながら、京阪神でもその特別のコースを作ろうとしています。ところが奈良の方向にはまだ延びてきていないんですね。そういう意味で、奈良は先ほど申しましたように、もう資源がどっさりありますので、今さら、改めてするまでもないということかもしれませんが、少し東西軸で、そういう連続性みたいなものを考えていくと、何か面白いモノやコトがないのかなということで、そういった動きがございます。

中田さんは実際にいろいろな探訪をされていますのでご存知でしょうが、今話題に出ておりますように、街道空間をつなげていって面白がるとか、こんなものがあったのかというような、そういうものを作り込んでいく仕組みとして、例えばどのようなやり方をしていくと、もっとこう、街道全体として際立ってくるでしょうか？

◆時代層、賢人の足跡で辿る道。交流拠点の茶屋も復元 ―「懐古と創造」の街道起こしへ

中田　はい。私は「懐古と創造」、これをちょっと提唱したいのです。つまりは古きに思いを馳せて、新しきをつくるということですけれども。この街道というのは、先ほど仲川さんがおっしゃったように、多くの人の往来があって、交流がある。例えば、奈良時代なら奈良時代の物語、そして江戸時代の物語とか、時代はそれぞれですけども、そういうものを探してはどうかと思うわけです。その古き時代を辿るには、やはり生活感覚に近いところで物事を考えなくてはいけない、あるいは見なければいけない、そのように思います。

これは「歩き」だからこそできるわけですね。その感覚に戻って、つまり「時代返り」。そう、時代返りをしながら、観察をし、見聞を広げるということになると思います。

そういった意味から、この暗越奈良街道を見ますと、すごい人が通っています。

もちろん、皆さんは遣唐使というものがすぐ頭の中に浮かぶと思います。まず、天平８（736）年８月に、帰国した遣唐使船は、菩提僊那《ぼだいせんな》が中国の僧 道璿《どうしゅん》とインドの僧仏哲を伴って難波津に着きます。その難波津に出迎えたのが行基さんです。

この行基さんは、平城京の西の入口に喜光寺《きこうじ》というのがありますが、養老５（721）年に建った、今は蓮で有名なお寺ですが、行基さんはこの寺を拠点に、大仏建立に尽力し、ここで終焉を迎えます。だから私は、三条通りを出発点として暗峠へと続く竹林寺までの街道を「行

喜光寺

追分本陣屋敷

基の道」と呼んでいます。自分で勝手にそのように言っているわけですけれども。まず一つは「行基の道」。

それから、20 年ほど下りまして、皆さんよくご存知の鑑真和上です。鑑真和上もここを通っておられます。目を悪くしてまで、奈良の都に来ていただけたのですが、これが天平宝字 5（761）年です。江戸時代には松尾芭蕉も通っています。挙げればきりがないのですが。

今、挙げた中から、例えば「遣唐使の道」ということで括《くく》りをつける。で、その「遣唐使の帰国の道を辿る」みたいなイベント、これは打ち上げ花火みたいになるかもしれませんが、打ち上げ花火で終わらせることなく継続して行ってはどうかと思います。例えば時代衣裳。あちこちで行われていますが、よくよく考えてみると時代衣装をまとって山越えをする例はありませんね。例えば、聖徳太子の「太子葬送の道を歩く－斑鳩から磯長《しなが》まで－」というのが 20 数 km の行程で辿っていますけれども、今まで、そういうことをしても山越えがない。これを時代衣裳でもって峠を越えてみる。難波津からでなくてもいいのですが、大阪の方から暗峠を越えるというのはいかがでしょうか。

他にも沢山考えられますが、次に、追分本陣屋敷（村井家住宅）ってご存知でしょうか？　奈良市と大和郡山市の分岐点にあります。江戸時代には郡山藩が参勤交代の時この場所で休憩したのです。現在、奈良市の文化遺産に指定されています。

実は昨日、その村井さんとお話していましたら、「これを何とかできへんかな」と。で、「中にあるものも公開したい」と。「昔、武士の休憩場所であったので、ハイカーの休息所として復活できればいいんだけどなあ」とおっしゃっているのですね。ここをうまく活用して、内部を開放し、茶屋にして、東西の交流を図る、情報交換の場所になる。これが一つ考えられると思います。

それから、西側に大和郡山市、生駒市、奈良市の３市が交わる榁木《むろのき》峠があります。ここは奈良時代には榁の木の大森林だったといいます。大仏殿の建築のときに、榁の木をここから切り出しという所です。この峠に賢聖院榁木大師堂があり、弘法大師がお堂を建てられているのですね。お参りに来た講の人たちがそこで休み、薬草湯に浸かったという話があります。当然、榁木の近くにも茶屋がありました。そういうことから考えると、先ほどから茶屋に固執しますけれども、茶屋というのは人が行き交う場所であり、情報が行き交う場所でもありますから、そういうものを復活してはどうかと思うのですが。

◆荒れて残る自然景観を蘇らせたい

フロア男性　今、中田さんが大変面白い提言をなさったと思います。私は生駒に住んでおりまして、南の方、（国道）308 号の近く。先ほども言われました歩育の問題と、森林浴の問題、それから自動車が通って危ないと。しかしあの暗峠から竜田川に向けて、神田川というのが流れていまして、その神田川には本当に自然が残っているんです。実際に歩いていますが、自然が豊富にありまして、今は溝ですが整備は全然されておりません。暗峠から南の方に下りてこられるのに神田川沿いに車道を通っておいでになるというんですが、溝を整備すれば、昔のままの自然が残っている。荒れておりますので、誰も気づいてないと思いますが。

暗越奈良街道はハードとして残っていますね。今私たちが考えているようないろいろなソフトの面で、今後考えていかないといけないことはいっぱいあると思うんです。

それから、現在自然が残っていて比較的、歩育に役立つという所は、東大阪の枚岡神社から上がってきて、暗峠、それで今言われました追分の方に抜ける道。これはまだ自然がいっぱい残っている。今日は奈良市長もお見えになっているんで、追分あたりに今のような設備ができればいいなと思います。

初谷　有難うございます。今のご提言もぜひ活かしていきたいと思いますが、中田さんからは、たくさんの歴史の層がずっと積み重なった街道空間ですので、ある一つの時代とか、ある歴史上著名な人物の足跡であるとかいった切り口で、それぞれコースを作ってみて、それを追体験するとか、再現するとか、しかもそれを当時の衣裳までそのままに再現して「山越え」

客席の参加者からの発言

をしてみるのもいいのではないかとか、茶店の復元のお話もいただきました。

少し奈良から離れますけれども、群馬県に前橋というまちがあります。前橋に行きますと、まち全体で、茶店の復興運動といったことを含めて大変活発にまちづくりをされております。その茶店というのは、少し時代が新しくなりまして、前橋は萩原朔太郎の故郷ですので、朔太郎が若い頃によく通ったというカフェ、当時の茶店ですが、「波宜亭《はぎてい》」というのがあります。その波宜亭は前橋城跡の近くにあるんですが、それを復活させようと、まちづくりのシンボルにして、今、我々が暗越奈良街道で目指しているのと同じように、前橋というまち全体を起こしていこうじゃないかと長年にわたって活動されている「NPO 法人 波宜亭倶楽部」という興味深い事例があります。

◆「歩育の日」(4.19.) に峠で出会う暗越奈良街道ウォークを

初谷　中田さんが言ってくださったように、茶店というものは、その機能も含めて、一つしっかり再現とかを考えてみる価値があるのかなという印象を強くいたしました。

さて、時間も押してまいりましたので、最後に、好井さん、今、歩育のお話もいただきましたが、好井さんは交通関係のお仕事をずっと長くなさっておられたということで、それでいかがでしょうか？　公共交通機関にお勤めだったご経験も踏まえて、歩育と絡めて何かまちづくりの具体的なアイデアはございますか？

好井　「歩育の日」というのがあります。ホはワン・ツー・スリー・フォーの 4。イクのほうは 19 で、4 月 19 日が「歩育の日」といって、大阪は 4 月 19 日を「歩育の日」としてイベントをやっています。私、このサミットに出席するにあたって、前から奈良県でも歩育を推進しようという形でお話してみました。

来年の4月19日、大阪府のレクリエーション協会と、奈良県レクリエーション協会で、例えば大阪側と、奈良側とから街道を上がっていきます。で、暗峠で、歩いてきた皆さん同士が手をつなぐ。そういう手をつなぐイベントをウォークの中に取り入れる。峠からは、Uターンする人もおれば、反対の方に下りる人もおりますけれども、そういった人たちがタッチして帰る、そういうイベントもいいのではないかなと思うんですね。で、提案しましたところ、奈良県の協会も大阪府の協会も「一緒にやろやないか」と。協賛してもらいましたので、今日お越しの皆さんにも、「そういう催し、いかがですか」。もし拍手でもいただければ。どうでしょう？

（拍手）

さっき東西軸の出会いをもう少しアピールさせたいというお話がありましたし、皆さんの賛同も得ましたので、そういう趣旨の一つのイベントとして、また皆さんにも実行委員会に入っていただこうと思います。関西はJRだけでなく私鉄が発達しておりますが、いずれもイベントをいつどこでしているかということをパンフレットに沢山掲載していますので、各社にこのイベントのことを載せてもらうようにしたいと思います。

それから、これは「奈良斑鳩1dayチケット」です。関西は各私鉄と仲がよく、JRもありますが、神戸市、京都市、大阪市には交通局があります。これは阪急であろうが、南海電車であろうが、京阪であろうが1日乗車券で、ものすご安く行ける。奈良と斑鳩を、電車で1dayチケットで安く乗れます。「スルッとKANSAI」もありますから、関西各私鉄に例えば「暗越奈良街道1dayチケット」、「…2dayチケット」といったものを一寸提案してみようかなと思います。そういったことも、私の長い鉄道経験から関西の各私鉄に声をかけていきたいなと思っております。ご協力よろしくお願いします。

初谷　有難うございます。街道クラブというのは本当に自由な集まりですので、いろんなご経歴や知恵やスキルを持っておられる方が、どんどん集まっていただけると面白い活動になるのではないかなと思います。

大変寡聞にして、私も4月19日というのは、今まで日本動物園水族館協会がしている「飼育の日」だということは知っていたんですけれども、歩育の日だというのは、本当に初めて知りまして、(笑)　この4月19日は「歩《4》育《19》」と読むのだそうです。ですから、4月19日を大事にしまして、今、具体的にご提案いただいたようなことも面白いなあとお伺いしました。

この暗越奈良街道サミットは、今回で3回目ですけれども、こうやって皆様方のお知恵を借りながら、この街道筋の資源を見出したり、今のように、こういうふうにしたらいいんじゃないかと、いわばアイデア会議のような部分もあったわけです。

大阪からスタートしまして、今回、無事に遷都1300年の奈良に辿りつきましたので、ここでサミットという形での第1ステージをいったん置きまして、次は、今日いろいろパネリストの皆さまからいただいたような具体的なご提言を活かしながら、また会場からもいただいたような、具体的な地域の候補みたいなものも踏まえながら、ゆっくりと、大阪風にいえば、ぼちぼちと、楽しみながらこの活動が続いていけば、先ほど仲川さんが言ってくださったみたいに、人と人の摩擦でですね、じりじりとそこの熱が上がってきて、地域力を培うことになるのではないかなと、そういう期待を持っております。

今日は本当にいろいろなご意見を、パネリストの皆様、そして会場の皆様方からも頂戴いたしました。皆様、貴重なご意見をいただきまして、どうも有難うございました。

ここでパネリストの皆様に、改めて盛大な拍手をお願いいたします。

（拍手）

それでは、マイクを司会者にお返しします。

司会　本日は良いお話でした。本当に有難うございました。

私事《ごと》ですけれども、幼稚園の子どもがおりまして、卒園遠足で柳生街道を10km歩いたこともございまして。親の目から見ますと、沢山の子どもが10km歩くの？と。だいぶ疲れて帰ってくると思ったんですが、とっても生き生きした顔で、今までこんな顔見たことないって。お母さんたちが、「じゃ、私たちも土日に行ってみよう」という連鎖反応が起こりました。私も奈良県のいろいろな勉強をして、お母さんレベルで、この街道の魅力というのを発信していきたいなと思いました。

それではパネリストの皆様、本当にありがとうございました。

―― 暗越奈良街道クラブの これまで と これから

よみがえれ！ 生活文化景観

暗越奈良街道クラブ

古来、生駒山の暗《くらがり》峠を越えて大阪から奈良を最短で結ぶ道として栄えた暗越《くらがりごえ》奈良街道。沿道の大阪、東大阪、生駒、奈良４市の市民活動団体が中心となって設立した「暗越奈良街道クラブ」では、2008年から、街道沿いの景観やまちづくりを考える「街道サミット」のリレー開催、写真やスケッチで街道の魅力を伝える「街道百景」公募などの活動に取り組んでいる。時代を超え、大阪府と奈良県の境を越えて連なる街道を守《も》り立てる同クラブの歩みと、その企画により３年にわたり連続開催してきた「暗越奈良街道生駒サミット」の模様などを紹介する。

◆魅力あふれる暗越奈良街道

このガイドブックで見てきたとおり、大阪・高麗《こうらい》橋を起点に暗峠を越えて奈良に到る暗越奈良街道は、江戸時代はお伊勢参りなどで賑わった。現在、大阪市東成区には二軒茶屋跡、今里付近では街道沿いの古い民家が残り、深江《ふかえ》の菅笠《すげがさ》などは往時の街道風景を思い出させるものがある。今里付近の街道が小高く盛って整備されているのは、このあたりがかつて河内湖の水際であり、街道が堤防（五千石堤）であり、大阪方の暗越奈良街道はほとんどは河内湖の汀線《ていせん》であった。東大阪市には同街道唯一の宿場であった松原宿跡の民家などもあったが、最近姿を消した。生駒山の大阪側は傾斜がきつく登るのは大変だが、江戸時代、健脚家は一日で大阪から奈良まで歩いたという。石畳の残る暗《くらがり》峠を越えると、眼前には棚田が幾重にも広がり、はるか奈良平野が眺望される。

◆大阪から奈良へ

―「暗越奈良街道サミット」大阪市玉造からスタート

2008年10月25日（土）、暗越奈良街道に連なる４市の市民活動団体が、歴史を踏まえ、伝統を現在に生かし未来につないでいくために、「暗越奈良街道サミット」を東成区・玉造(サンクスホール)で開催した。

パネリストは、４団体（組織）をそれぞれ代表して、（社）奈良まちづくりセンターの室雅博、NPO法人テイクオフ生駒21（生駒市）の金谷守峰、まち・むら文化研究会（東大阪市）の黒田収、東成区未来わがまち推進会議３班（大

玉造サミット　パネルディスカッション

阪市）の松下和史、コーディネーターは、大阪商業大学の初谷勇が務めた。

パネルでは、古都・奈良、生駒山はじめ自然に恵まれた生駒、ものづくりのまち・東大阪、庶民芸能の蓄積に富む東成など沿道地域の特色を活かし、互いの違いを引き立たせつつ、つながることで、さらなるまちの発展を目指そうと、街道へかける想いやまちづくりの抱負が語られ、来場者とともに「記憶遺産」、「B級グルメ」、「棚田」、「芸能」、「オーラルヒストリー」、「みやげ、名産」など市民目線の地域づくりを進めるキーワードを導き出した。

サミットでは、街道を素材とした4市における地域づくり活動の連携などを提唱し（「暗越奈良街道サミット宣言」）、同月、サミットの模様を収録したPDF版『暗越奈良街道サミット2008―街道を守り立て、活動を繋ぐ』を発行するとともに、サミット開催をきっかけとして、発起4団体に有志個人も加わり、「暗越奈良街道クラブ」を設立した。

当面、2010年の平城遷都1300年までを一つの区切りとして、大阪から奈良へと各地域がまちづくりの議論や魅力発信をつないでいくこととした。

◆「暗越奈良街道百景」公募

暗越奈良街道は、街道を広くゾーンとして捉えると、生活文化がまだまだ埋もれている地域だ。第1回玉造サミットで示された「記憶遺産」、「棚田」、「芸能」など、まちなみに残る意外な歴史の断片、「あれっ？」と思う不思議な看板、人や動物の顔に見える面白い建物、ある時間だけ特別なものがみえる場所。何げない日々の暮らしの中で、ふと心を惹かれる場所が数多く残っている。クラブでは 2009 年 8 ～ 9 月、街道に関わる素敵な空間やできごとなどを、写真や絵と文章のセットで市民から提案していただく「暗越奈良街道百景」を公募した。

◆「暗越奈良街道・生駒サミット」

生駒サミット　パネルディスカッション

第 2 回サミットは、2009 年 10 月 24 日（土）、生駒市内（生駒セイセイビル 1 階・市民ホール）で「よみがえれ！生活文化景観」をテーマに開催された。「街道百景」応募作品を一堂に展示し、それらを鑑賞しながら、写真、美術、建築 3 分野のパネリストとコーディネーターによるパネル・ディスカッションを行い、パネルの中間には参加者とパネリストが 3 グループに分かれて親しく語り合うワークショップも設けられた。

パネリストは、写真家で「なにわのブレッソン」こと川谷清一 氏、画家で「いこま原風景を楽しむ絵画教室」代表の田中影治郎 氏、建築家で大阪市の空堀を中心に活躍する「からほり倶楽部」代表の六波羅雅一 氏。コーディネーターは、フリージャーナリストの浅野詠子 氏が務めた。

生駒サミット 「街道百景」応募作品を前にしたワークショップの様子

◆散策会「赤れんが・黒タイル・青銅の壁」

2010年4月25日（日）には、街道沿いのまち歩きや「記憶遺産」の発掘の一環として、高橋滋彦 氏（広島大学）の構想・企画に基づき、散策会「赤れんが・黒タイル・青銅の壁」が開催された。

高橋のガイドで、大阪市天王寺区桃谷から鶴橋を経て、東成区玉造、今里まで、赤レンガの倉庫や塀、黒タイルの建物、緑青の映える青銅の家など、彩りも鮮やかな意外な記憶遺産との遭遇を楽しんだ。

上　黒タイルの建物

右上　青銅の家

右下　赤レンガの倉庫

◆「暗越奈良街道・奈良サミット」

奈良サミット　パネルディスカッション

2010 年 10 月 9 日(土)、奈良市の猿沢池の畔、ならまちセンター•市民ホールで、第 3 回暗越奈良街道サミットが開催された（平城遷都 1300 年祭県民活動支援事業にも参画)。

遷都祭り•祝い唄(関光夫 氏)のオープニングに続き、上野誠 氏(奈良大学)を迎え、「万葉集から展望する～暗越奈良街道の往来」と題して記念講演が行われた。

続くパネル・ディスカッションでは、「平城京～暗越奈良街道～難波宮の魅力を未来につなぐ」と題し、暗越奈良街道の魅力や、街道空間の活性化に向けた課題やアイデアが語られた。パネリストには、生駒、奈良を中心に活躍するエヌ・アイ・プランニング代表取締役の鐵東貴和 氏、奈良市長の仲川げん 氏、エッセイストの中田紀子 氏、奈良県レクリエーション協会専務理事の好井國治 氏が出席、コーディネーターは、初谷勇（大阪商業大学）が務めた。

◆「歩育の日」ウォーキング

第 3 回暗越奈良街道サミットで、パネリストの好井から提案されたアイデアに基づき、2011 年 4 月 17 日（日)、奈良県レクリエーション協会、大阪府レクリエーション協会の共催により「歩育の日」に合わせた「暗越奈良街道ウォーク」開催され、街道クラブも企画段階から参加協力した。当日は大阪側（大阪市内及び枚岡)、奈良側（南生駒）から 150 名の参加者が街道歩きを楽しみ、暗峠でドッキング・イベントを行うなど交流を深めた。

「歩育の日」大阪側と奈良側の参加者が暗峠で出会う

◆「進化するガイドブック」制作プロジェクト

第３回サミットで作成し、来場者に配付した小冊子が好評であったことをきっかけとして、2011 年、年明けから、暗越奈良街道のガイドブックの編集・発行に取り組むこととした。

サミットの機会にも、実際に街道を歩いた参加者から「この街道についての情報が無い」との声もあり、大阪から奈良にいたる街道空間を全体として見渡すとともに、実際に街道散策に携えていただけるようなものにしようと企画を進めた。これまで３回にわたる街道サミットや街道百景公募、街道ウォークや散策会などで積み重ねられてきた街道空間をめぐる会員のさまざまな薀蓄《うんちく》を披露し、読者にこの街道の様々な魅力を発信するものだ。

本書は、今後さらに、内容を充実、改訂していくことを想定しており、読者の皆様には、実際に街道を訪ねて気づかれた魅力的な街道資源などの情報を編集委員会まで提供していただければ幸いである。暗越奈良街道を守《も》り立てる有志の活動の進展とともに「進化するガイドブック」を目指したい。

編集後記　防災の道としての暗越奈良街道

災害時帰宅支援ステーションのステッカー

2011 年の年明けから本書『暗越奈良街道』の編集を始めたとき、「大阪と奈良を最短距離で結ぶこの街道は、もし震災が起こり交通機関が利用できなくなれば、避難や帰宅の経路として活用できるのではないか」と、「防災」の視点を盛り込むことを考えた。そこでまず、巻頭 MAP にコンビニエンスストア、トイレ、AED（自動体外式除細動器）など緊急時に利用できるポイントを、確認できる限り示すことにした。コンビニ各社は外食レストラン等とともに関西広域連合と協定を結び、災害時の徒歩帰宅者を支援するため、右図のステッカーを目印に、水道水、トイレ、道路情報などを提供する『災害時帰宅支援ステーション』の役割を果たすことになっている。

そうした作業を進めていた矢先、3 月 11 日に東日本大震災が起こった。

最大震度 6 強を観測した首都圏では、大量の帰宅困難者がターミナルや郊外に向かう道路にあふれた。その有様を見て、災害時には被災した市街地の中を無理に帰宅せず、職場などに待機して安全を確保した方がよいという意見も高まった。とはいえ、大阪圏で同様のことが起これば、やはり奈良への帰宅を試みずにはいられない人も出るだろう。

この街道は大阪市から東大阪市、生駒市、奈良市を結んでいるが、おおむね「平地部」（4 市の市街地）と「山間部」（生駒山、矢田丘陵）に分かれている。前者は産業道路など主要道路と並行していたり、その一部になっており、被災や渋滞の状況にもよるが、歩行することは可能である。一方、後者はかつて山津波なども度々起こった場所であり、歩行に危険を伴う。災害時には通行禁止になる可能性もあり、そのときは比較的大きな道に迂回する必要があるかもしれない。

仮に生駒山の手前で足止めされた場合はどうだろうか。東大阪市では大規模な災害時には、学校等が順次避難所になることが予定され、物資も備蓄されている。夜間は無理に山道を歩行せず、避難するのが賢明だろう。

暗越奈良街道の歴史を紐解くと、江戸時代の伊勢神宮への「おかげまいり」では一日最高 8 万人の人が通行したとされ、そのときは沿道の金持ちなどが餅や草鞋《わらじ》などを無償で配ったと伝えられている。その現代版として、帰宅困難者に対し、民間によるどのような支援ができるだろうか。本書では、その第一歩として、防災にも役立つよう MAP を試作してみたが、今後、いろいろなご意見をいただきながら、本書の改訂にあわせて改良を加えていきたい。